Karin Seethaler

Der Weg der Kontemplation

einfach, aber nicht immer leicht

Karin Seethaler

Der Weg der Kontemplation

einfach, aber nicht immer leicht

echter

Der Umwelt zuliebe verzichten wir bei diesem Buch auf Folienverpackung.

Bibliografische Information der Deutschen Nationalbibliothek:
Die Deutsche Nationalbibliothek verzeichnet diese Publikation in der Deutschen Nationalbibliografie; detaillierte bibliografische Daten sind im Internet über http://dnb.d-nb.de abrufbar.

2. Auflage 2025

Echter Verlag · Dominikanerplatz 8 · 97070 Würzburg
Tel. 0931 66068-0 · info@echter-verlag.de · www.echter.de

Umschlaggestaltung: wunderlichundweigand
Umschlagbild: © Nikada/iStock.com
Innengestaltung: Crossmediabureau, Gerolzhofen
Druck und Bindung: CPI-books – Clausen & Bosse, Leck
ISBN
978-3-429-05660-5
978-3-429-05172-3 (PDF)
978-3-429-06539-3 (ePub)

Inhalt

Statt einer Einleitung eine persönliche Erinnerung

Ich steckte in einer Krise, in einer Lebenskrise, weil ich meinen Platz im Leben noch nicht gefunden hatte. Dort, wo ich war, wollte ich nicht sein. Und wo ich hinwollte, wusste ich nicht. Ich steckte aber auch in einer Glaubenskrise. Ich erinnere mich noch gut, wie ich meiner Freundin mein Herz ausschüttete: „Ich weiß gar nicht, warum ich eigentlich noch in die Kirche gehe. Nur weil man sonntags in die Kirche geht? Das macht doch keinen Sinn. Ich weiß nicht mal, wer Jesus Christus eigentlich für mich ist. Wenn ich aufs Kreuz schaue, kommen mir nur wirre Gedanken." Meine Freundin meinte nur knapp: „Geh doch mal zum Franz!" Er sei ein Jesuit, der in die Stille führt. Wir könnten ihn gemeinsam besuchen und ich könnte dann mit ihm sprechen. So kam es auch.

Bei der ersten Begegnung mit Franz Jalics war ich sehr aufgeregt. Ich war orientierungslos und unsicher. Mit wachem, wohlwollendem Blick hörte er mir aufmerksam zu. Es beeindruckte mich, dass er mich als katholischer Priester nicht fragte, ob ich katholisch oder evangelisch sei. Es war damals für mich wichtig, dass dies in der Beziehung zu ihm keine Rolle spielte. Ich fühlte mich als Suchende wahrgenommen. Ich fasste Vertrauen und ließ mich auf einen mir völlig unbekannten inneren Weg ein: den Weg der Kontemplation. Ich muss gestehen, dass mir damals das Wort „Kontemplation" nicht viel sagte. Mit meinem ersten 10-tägigen Exerzitienkurs sprang ich einfach ins kalte Wasser, ohne zu wissen, wie tief mich dieser Sprung in mein Innerstes führen würde. Die intensive Begegnung in der Stille mit mir selbst und die Erfahrung, durchgängig mit anderen Menschen im Schweigen zu sein, waren für mich absolutes Neuland. Es faszinierte mich, Menschen im Schweigen kennenzulernen. Nach zehn Tagen in Stille hatte ich den Eindruck, sie tatsächlich besser kennengelernt zu haben und ihnen nähergekommen zu sein, als wenn ich mit ihnen gesprochen hätte. In diesen intensiven Tagen des Schweigens bin ich jedoch vor allem mir selbst nähergekommen. Ich hatte einen Weg kennengelernt, der mir zeigte, wie ich mich zu Gott wenden konnte mit meiner Unruhe, meiner Ungeduld, meiner Unsicherheit und mit meiner Hoffnung und Sehnsucht. Von Franz Jalics wurde ich ermutigt, in der Stille nicht vor mir selbst wegzulaufen, obwohl mir oftmals danach zumute war.

Ich glaube, es ist nicht übertrieben, wenn ich sage, dass mich in meinem Leben nichts mehr gestärkt hat als das Vertrauen, das mir Franz Jalics damals als junge Frau entgegengebracht hat, und der kontemplative Weg, den er mir gezeigt hat. Obwohl ich ihm mein inneres Durcheinander offen mitteilte, traute er mir zu, dass ich in der Stille meinen Weg zu Gott finden würde. Sein Zutrauen und mein eigenes Bemühen, den Weg tatsächlich zu gehen, ließen langsam mein verlorenes Vertrauen zu mir selbst, den Mitmenschen und zu Gott wieder wachsen. Der kontemplative Weg wurde mir zum Kompass, der mir die Richtung zu meiner eigenen Mitte wies. Er gab mir die Orientierung, um mehr im Einklang mit mir und den anderen leben zu können. Viele der Begleitgespräche mit ihm beendete er oftmals mit dem schlichten Satz: „Gut, gehen wir weiter!" Und ich bin weitergegangen. Inzwischen sind mehr als 30 Jahre vergangen. Diesen Weg, der mir Halt und Orientierung für mein Leben geworden ist, darf ich seit vielen Jahren in meinen Büchern und Exerzitienkursen (diesen Begriff verwende auch ich im Folgenden anstelle des sonst üblichen Begriffs „Meditationskurs“) weitergeben.

Zu diesem Buch

Im vorliegenden Buch habe ich richtungsweisende Sätze aus den Werken von Franz Jalics als Leitfaden zusammengetragen und sie in Themenbereiche untergliedert. Im Text selbst sind seine Aussagen kursiv geschrieben, um sie auch hier hervorzuheben. Mein Anliegen ist es, in Anlehnung an seinen langjährigen Erfahrungsschatz das kontemplative Gebet aus verschiedenen Perspektiven zu beleuchten. Diese Gebetsweise erschließt sich dem Menschen nicht über verstandesmäßige Erkenntnisse oder viel Wissen, sondern über persönliche Erfahrungen. Der Mensch kann dieses unmittelbare, innere Erleben weder bestimmen noch kann er darüber verfügen, was wann und in welcher Weise in ihm geschieht. In einer Haltung des Geschehen-Lassens lässt er seinen Willen, seinen Verstand und seine Gefühle zur Ruhe kommen und ist bereit, aufzunehmen, was ihm von der Gegenwart entgegenkommt, was er selbst gar nicht machen oder sich ausdenken kann.

Zur Veranschaulichung dieser konkreten Meditationspraxis dienen Beispiele aus meiner eigenen Erfahrung in der Begleitung vieler Menschen. Stets geht es um die Ausrichtung auf Gott, die in der beständigen Hinwendung zur Gegenwart und zum Namen Jesu geschieht. Wiederholungen waren für mich deshalb unvermeidbar. Sie sollen deutlich machen, wie dieses zentrale, immer gleiche Geschehen in den unterschiedlichsten inneren Erfahrungswelten zum Tragen kommt und ermöglicht, die innere Orientierung und die Verbindung zu Gott zu wahren.

Alle genannten Zitate von Franz Jalics beziehen sich auf das kontemplative Gebet, auch dann, wenn er von Meditation spricht. Er benützt das Wort Meditation im Sinne der Zeit, die dem kontemplativen Gebet gewidmet ist.[1] In den letzten Jahrzehnten ist der Begriff Meditation ein Sammelbegriff geworden für verschiedene kontemplative Traditionen und für unterschiedlichste, meditative Techniken, die unterschiedliche Absichten und Ziele verfolgen können. Da es mir wichtig ist, die Sprache von heute aufzunehmen, benütze auch ich in diesem Buch den Begriff der Meditation und meine damit das kontemplative Gebet. Mein Anliegen ist es, durch eine einfache Sprache den Zugang zum kontemplativen Gebet zu erleichtern. In der Literatur wird diese Gebetsweise auch Herzensgebet, Jesusgebet, einfaches Gebet, Gebet der Sammlung, immerwährendes Gebet oder Gebet der Ruhe genannt.

Zu Franz Jalics

Franz Jalics wurde 1927 in Budapest geboren. Als 17-jähriger Offiziersanwärter machte er während einer Bombardierung Nürnbergs eine tiefe religiöse Erfahrung, die seinen weiteren Glaubensweg entscheidend prägte. „*Es war ein ohnmächtiger und verzweifelter Kampf gegen den Tod. Als so in mir Wut und Angst tobten, überströmte mich plötzlich ein ganz großer Friede. Ich wusste: Gott ist da.*“[2] Dieses Erlebnis löste eine lebenslange Suche nach Gott aus und nach einem einfachen, unmittelbaren Gebetsweg zu ihm. Drei

Jahre später trat er in Ungarn in das Noviziat der Jesuiten ein. Bereits nach einer Woche konnte er erkennen: *„Was wir dort lernten, ging in die richtige Richtung; es war aber sehr viel komplizierter im Vergleich zu dem, was ich in Nürnberg gesehen habe."*[3] Er war jedoch beruhigt, vom Novizenmeister zu hören, dass sich das Gebetsleben im Laufe des Ordenslebens stark vereinfachen würde und am Ende nur ein einfaches Schauen auf Gott oder auf Jesus Christus bliebe. Er erfuhr diesen Ausblick als innere Bestätigung für seinen eingeschlagenen Weg, denn er stimmte mit seiner Erfahrung und inneren Sehnsucht überein. Er absolvierte seine philosophischen und theologischen Studien in Deutschland, Belgien, Chile und Argentinien. Mit 32 Jahren wurde er zum Priester geweiht.

Einige Jahre später geriet er in eine längere Glaubenskrise. Sie war so stark, dass sie sein ganzes bisheriges Leben in Frage stellte. Eine einfache Begebenheit brachte die Wende: Ein älterer Mitbruder beschwerte sich darüber, dass er sich immer alleine um den Abwasch kümmern müsse und die anderen ihre Tassen einfach nur stehen ließen. *„Ich hörte mir sein Geschimpfe an, kehrte an meine Arbeit zurück und hatte den Zwischenfall in wenigen Minuten vergessen. Nachmittags in einer Pause ging ich ein wenig spazieren. Auf einmal kam mir die Einsicht, dass dieser Mitbruder mit einem Problem an uns herangetreten war und dass ich sein Anliegen überhaupt nicht an mich herangelassen hatte … Mir wurde die Parallele zwischen diesem Ereignis und meiner Krise bewusst … Ich fragte mich, ob sich in meiner Beziehung zu Gott nicht etwas Ähnliches vollzog … Die Parallele war naheliegend und erschütterte mich tief … Ich bemühte mich ein Jahr lang, offener auf die Menschen einzugehen und sie mehr an mich heranzulassen. Nach einem Jahr war die Krise vorbei. Der Zusammenhang zwischen Menschen-*

und Gottesbeziehung war mir ein für allemal aufgegangen und wurde mir zum Leitfaden für mein ganzes Leben."[4]

Dieser Leitfaden zieht sich wie ein roter Faden durch die kontemplativen Exerzitien, die er später entwickelte. Es ist ihm stets ein dringendes Anliegen geblieben, den kontemplativen Weg von Anfang an in der Realität der zwischenmenschlichen Beziehungen zu verankern. „*Viele Leute werten ihre Gottesliebe höher als ihre Beziehungen zu den Menschen. Das ist eine klare Täuschung. Sie schätzen sich gläubiger ein, als sie sind.*"[5] Um dieser Täuschung nicht zu erliegen und sich in der Meditation nicht in eine Scheinwelt zu begeben, ist er nicht müde geworden, darauf hinzuweisen, dass die Beziehung, die man zu sich selbst hat, zu anderen und zu Gott deckungsgleich ist. „*Wir haben nur ein Herz, mit dem wir Gott, die Menschen und uns selber lieben können. Diese Beziehungen sind untrennbar miteinander verknüpft.*"[6]

Ermutigt durch die Erneuerungen des Zweiten Vatikanischen Konzils gründete Franz Jalics eine Gruppe mit vier Freuden, die das Ziel hatte, nach Erneuerung des Gebetslebens zu suchen. Sie forschten nach geistlichen Schätzen der Kirche, die in Vergessenheit geraten waren. Sie lebten kurzzeitig bei Benediktinern und Trappisten mit, befassten sich mit Yoga und Zen und ließen sich von dem Buch „Aufrichtige Erzählungen eines russischen Pilgers"[7] inspirieren. Dieses Buch motivierte ihn, mit dem Namen Jesu zu meditieren.

1974 entschied er sich, zusammen mit einem Mitbruder in einem Armenviertel in der Nähe von Buenos Aires das Leben mit den Armen zu teilen. Als es 1976 in Argentinien zum Aufstand kam, wurde er zusammen mit seinem Mitbruder von paramilitärischen Gruppen verschleppt. Sie wurden fünf Monate gefangen gehalten und waren einer permanenten psychischen Folter ausgesetzt. Von 6000 Menschen, die von dieser Militärgruppe verschleppt wurden, überlebten nur er und sein Mitbruder. Dass Franz Jalics und sein Mitbruder menschlich an dieser Tortur nicht zerbrochen sind, verdankten sie der einfachen Wiederholung des Namens Jesu. „*Tagein, tagaus, von morgens bis abends blieben wir bei diesem schlichten Gebet.*“[8] Nach der Befreiung war er nicht mehr der Gleiche: „*Die Monate von Verschleppung, Gefangenschaft und Nähe des Todes, verbunden mit der ständigen Wiederholung des Namens Jesu, hatten in mir eine tiefgehende Läuterung bewirkt*“ [...] „*Eine leichte Depression, die unterschwellig immer dagewesen war, wie auch eine gewisse Aggressivität waren vollständig verschwunden und kamen nie mehr zurück.*“[9] Später fand er seine inneren durchlebten Zustände während der Gefangenschaft in dem Sterbeprozess beschrieben, den Elisabeth Kübler-Ross in ihren Büchern schildert: Auflehnung, Rebellion, die Tatsache nicht wahrhaben wollen, Depression, bis man allmählich die Situation annimmt, wie sie ist. Dieser durchlebte Sterbeprozess befähigte ihn, das Schmerz- und Leidvolle bei den Menschen wahrzunehmen, ihnen auch in großen inneren Nöten beizustehen und dabei stets den Hoffnungsschimmer auf Gottes heilende Gegenwart im Blick zu behalten.

Nach der Befreiung lebte er zunächst ein Jahr in den USA und kam dann nach Deutschland. Von diesem Zeitpunkt an gab er nur noch Exerzitien. Es war für ihn wichtig, diese Gebetsweise, die ihn durch die qualvolle Zeit der Verschleppung hindurchgetragen hatte, weiterzugeben. 1984 eröffnete er das Exerzitienhaus „Gries“ und leitete es mit großem Einsatz bis ins hohe Alter. Das Konzept, das er für die Hinführung zum kontemplativen Gebet entwickelt hatte, ist heute als „Grieser Weg der Kontemplation“ bzw. als „Kontemplation nach Franz Jalics“ bekannt. Zu seiner Verbreitung hat auch sein Buch „Kontemplative Exerzitien – Eine Einführung in die kontemplative Lebenshaltung und in das Jesusgebet“ wesentlich beigetragen. Es zählt zu den Bestsellern mit 15 Übersetzungen.

Es ist Franz Jalics zu verdanken, dass das kontemplative Gebet, ein lang vergessener Schatz des Christentums, heute vielerorts weitergegeben wird. In einer verständlichen Sprache hat er diesen schlichten Meditationsweg für die Menschen von heute erschlossen und holt sie bei ihrem Bedürfnis nach Stille und Ruhe ab. Franz Jalics nahm bereits vor 30 Jahren wahr, wie sehr sich der moderne Mensch in seiner Beziehung zu Gott nach Ruhe, Einfachheit und Unmittelbarkeit sehnt. Sein kontemplativer Weg, der zu dieser Erfahrung führt, zeichnet sich durch eine große Klarheit und Einfachheit aus: *„Gott ist einfach, und der Weg, den Jesus Christus zum Vater zeigte, ist ein überaus einfacher Weg. Er ist nicht immer ein leichter, aber doch ein sehr schlichter und unkomplizierter Pfad. Er besteht eben in der bescheidenen, demütigen und unablässigen Ausrichtung auf Gott. Es gibt nichts anderes zu sagen, als nur auf diese Ausrichtung aufmerksam zu machen.“*[10]

Diese Ausrichtung hat Franz Jalics unermüdlich in seinen Büchern und in unzähligen Exerzitienkursen mit einer Prise Humor, einer strengen Klarheit und großer Hingabe aufgezeigt. Trotz der großen Anerkennung für seine klare Wegweisung, durch die er unendlich vielen Menschen den Zugang zum kontemplativen Gebet ermöglicht hat, ist er stets bescheiden geblieben.

Noch während ich dieses Buch schrieb, verstarb Franz Jalics im Alter von 93 Jahren in Budapest. Er hinterlässt eine große Lücke bei den Menschen, die ihm dankbar verbunden sind. Und er hinterlässt ein großes Lebenswerk, das weitergeht. Inzwischen gibt es eine internationale Vernetzung von Schülern und Schülerinnen, die „seinen“ kontemplativen Weg weitergeben. Manchmal habe ich den Eindruck, als wenn er allen, die in Treue diesen Weg gehen, mit seinem gütigen, ermutigenden Blick noch immer sagt: „Gut, gehen wir weiter!“

I. Die Wahrnehmung und die Gegenwart

Die große Lehrmeisterin der Kontemplation ist die Natur.[11]

Die Natur lädt in ihrer Vielfalt und in ihrer Schönheit dazu ein, sie wahrzunehmen. Jedes Blatt, jeder Vogel und jede Blume weisen durch ihr Sein auf Gottes Gegenwart hin. Die ganze Natur ist ein Lobpreis an den Schöpfer. Sie birgt eine große in sich ruhende Kraft, deren göttlicher Ursprung nach Entfaltung strebt. Dieser göttliche Ursprung und die Sehnsucht nach Entfaltung sind auch dem Menschen zu eigen. So kann die Natur im Menschen zum Klingen bringen und wieder zugänglich machen, was in ihm selbst innewohnt. Dies geschieht jedoch nicht automatisch, da sich die Natur dem Menschen nicht als Lehrmeisterin der Kontemplation aufdrängt. Die Natur beschwert sich nicht, wenn man einen Spaziergang macht, ohne auf sie zu achten, weil man in seinen Gedanken versunken bleibt. Wer sich jedoch die Zeit nimmt, sie bewusst wahrzunehmen, den belehrt, belebt und beschenkt sie. Dieser Geschenkcharakter ist der Natur zu eigen, so wie das Leben selbst ein Geschenk ist. Zur Lehrmeisterin der Kontemplation kann die Natur dann werden, wenn man ihre Geschenke bewusst wahrnimmt. Dies geschieht über unsere fünf Sinne: hören, sehen, riechen, mit der Haut fühlen und mit der Zunge schmecken, was ist.

Für den Weg der Kontemplation ist wesentlich, anschließend einen weiteren Schritt zu beherzigen. Ich nehme die Natur mit meinen Sinnen nicht nur wahr, sondern vollziehe mit meiner Aufmerksamkeit eine Wende nach innen. Ich achte darauf, wie das, was ich wahrnehme, auf mich wirkt. „*Spüre in dich hinein und lass diese Pflanze oder diesen Stein auf dich wirken. Nimm wahr, was von jener Blume zu dir fließt.*“[12] Durch die nach innen gelenkte Aufmerksamkeit komme ich in Verbindung mit meiner eigenen Natur. Ich sehe zum Beispiel ein kleines Gänseblümchen, das still am Wegrand wächst, und lasse es auf mich wirken. Ich achte dann darauf, was sich in mir bewegt. Es kann sein, dass diese kleine Blume eine Hoffnung in mir weckt, dass Gott auch mein Leben zum Erblühen bringt, und zwar genau dort, wo ich jetzt bin, und unabhängig davon, ob andere mich sehen oder gar bewundern oder nicht. Diese kleine Blume kann mich daran erinnern, dass es genügt, einfach da zu sein. So wie das Gänseblümchen keine Rose sein muss, muss auch ich nicht jemand anders sein. Diese kleine Blume kann mich ohne Worte tiefe Wahrheiten erkennen lassen. Sie können in mir zum Klingen kommen, wenn ich die Natur wahrnehme und auf mich wirken lasse.

Es wäre jedoch ein Irrtum anzunehmen, dass es bei der bewussten Wahrnehmung der Natur darum geht, ein Gefühl in sich zu erspüren, um es benennen zu können, oder darum, Bilder zu suchen, mit denen ich mich selbst erkläre. Mit diesem Verständnis käme ich subtil unter Druck. Es genügt, achtsam dafür zu sein, ob das Wahrgenommene eine Resonanz in mir auslöst und wenn ja, welche. Das Entscheidende sind nämlich nicht die Gefühle, sondern meine Fähigkeit, aufzunehmen, was ist. Auch wenn mich nichts spürbar berührt oder ich nicht in Worte fassen kann, was gerade in mir geschieht, bleibe ich, so wie es mir möglich ist, weiterhin achtsam im Hier und Jetzt.

Es kann sein, dass ich nach draußen gehe und es mir aufgrund einer inneren Unruhe unmöglich erscheint, stehenzubleiben, um die Natur auf mich wirken zu lassen. Wenn dem so ist, dann werde ich schneller gehen, weil dies meinem augenblicklichen Befinden entspricht. Irgendwann halte ich jedoch inne und nehme ausdrücklich meine Unruhe wahr. In diesem Moment bin ich bereits wieder in der Wahrnehmung. Ich kann mich mit allem, was ist, auch mit allem, was in mir ist, bewusst auf die Wahrnehmung einlassen. Der kontemplative Weg wäre alltagsuntauglich, wenn eine innere Ruhe seine Voraussetzung wäre. Wenn ich unruhig bin, so nehme ich dies wahr, doch dann achte ich darauf, was außer meiner Unruhe auch noch da ist. Ich vollziehe damit die Wende nach außen und verändere somit meine Blickrichtung: Ich lenke meine Aufmerksamkeit von meiner Unruhe hin zur Natur, einer Realität, die auch noch da ist.

Die Wende nach außen, zu dem, was auch noch da ist, gilt es auch zu vollziehen, wenn ich bemerke, dass ich abgelenkt bin, weil mich meine Gedanken in die Vergangenheit oder in die Zukunft führen. Immer wenn mir dies bewusst ist, habe ich die Möglichkeit, meine Aufmerksamkeit wieder zur Natur zu lenken. Ich öffne mich ihr wieder, um mich von ihrer Schönheit, Vielfalt und Weisheit beschenken zu lassen.

Diese Geschenke der Natur empfing eine Frau in einer schwierigen Lebensetappe. Sie war nach einigen Jahrzehnten im Ausland nach Europa zurückgekehrt und hatte große Schwierigkeiten, sich wieder einzuleben. Sie fühlte sich fremd und heimatlos. Auf dem Spaziergang machte sich in ihr das Gefühl der Heimatlosigkeit bemerkbar. Sie spürte es als eine unruhige Traurigkeit und innere Leere. Sie blieb mit ihrer Aufmerksamkeit jedoch weder bei ihren Gefühlen noch bei ihren Gedanken hängen, sondern lenkte sie immer wieder bewusst auf die Natur. Für diese Wende verhalf ihr die kleine Frage: Was ist da noch? Was ist außer meinen Gedanken auch noch da? Sie entdeckte einen orange blühenden Strauch, den sie noch nie gesehen hatte. Es war kein einheimisches Gewächs und sie dachte sich, dass er eigentlich nicht hierhergehörte. Dieser Strauch hatte jedoch trotzdem seinen Platz gefunden und blühte jetzt wunderschön, auch wenn er fremd bleiben würde. Sie blieb lange vor dem Strauch stehen und spürte, wie sie immer ruhiger wurde. Sie konnte einwilligen, dass vielleicht auch sie hier immer fremd bleiben würde. Die Natur hatte ihr jedoch gezeigt, dass auch sie an diesem Platz, wo sie jetzt lebte, ihr Leben zum Blühen bringen konnte.

Gott ist da, aber wir nehmen ihn nicht wahr![13]

Die Aussage, dass Gott da ist, gründet in der Selbstoffenbarung Gottes „Ich bin der ‚Ich-bin-da'" (Ex 3,14). Gott sagt nicht: Ich bin der, der da sein wird, wenn du es geschafft hast, so und so zu sein. Er sagt auch nicht: Ich bin der, der da war damals, als bei dir noch alles in Ordnung war. Gott hat sich klar als ein Gott der Gegenwart zu erkennen gegeben und ist konsequenterweise in der Gegenwart wahrnehmbar. Da unsere Wahrnehmungsfähigkeit jedoch begrenzt ist, nehmen wir stets nur einen Teil der Wirklichkeit wahr.

Die Folgen dieser eingeschränkten Wahrnehmung veranschaulicht eine Parabel von fünf Blinden, die die Aufgabe bekommen haben, einen Elefanten zu beschreiben. Der erste Blinde fasst das Bein des Elefanten an und ist sich sicher: Ein Elefant sieht aus wie eine Säule. Der zweite Blinde, der den Schwanz des Elefanten untersucht, sagt: Ein Elefant sieht aus wie ein Seil. Der dritte Blinde widerspricht sofort: Ein Elefant sieht aus wie eine Schlange. Er hatte den Rüssel des Elefanten angefasst. Der vierte Blinde schüttelt den Kopf und sagt: Ein Elefant ist mit einer Wand vergleichbar. Dieser Mann hatte den Rumpf des Tieres berührt. Der fünfte Blinde, der mit seinen Händen am Stoßzahn des Elefanten entlangstreift, sagt: Ein Elefant ist wie ein Speer. Jeder hatte die Wirklichkeit von seiner Perspektive aus wahrgenommen und jeweils diesen Teil des Elefanten beschrieben. Keiner hatte jedoch die gesamte Wirklichkeit erfasst. So können auch wir die Allgegenwart Gottes in ihrer ganzen Dimension nicht erfassen, sondern nehmen aus unserer Perspektive immer wieder nur Spuren seiner Gegenwart wahr.

Unser Wahrnehmungsbereich wird auch immer dann eingeschränkt, wenn wir uns auf eine Aufgabe fokussieren und versuchen, etwas Bestimmtes zu erreichen. Es kann geschehen, dass wir anderes in einem so großen Maße ausblenden, dass wir selbst eine als Gorilla verkleidete Person nicht wahrnehmen, die auf dem Bildschirm erscheint, sich in voller Größe in die Mitte stellt, mit den Fäusten auf die Brust trommelt und dann gemächlich weiterzieht. Das Experiment der beiden amerikanischen Psychologen Christopher Chabris und Daniel Simons hat jedoch genau dies bewiesen. 50% der Testpersonen konzentrierten sich derart auf eine ihnen gestellte Aufgabe, dass sie den Gorilla tatsächlich nicht wahrgenommen haben, obwohl sie ununterbrochen konzentriert auf den Bildschirm geschaut hatten. Das Experiment mit dem Video können sie selbst mit Freunden durchführen.[14] Wer jedoch im Vorfeld von dem Gorilla gehört hat oder das Video anschaut, ohne dabei eine Aufgabe zu erfüllen, kann nicht glauben, dass irgendjemand den Gorilla nicht sofort sieht.

Da wir in der Meditation keine Aufgabe zu erledigen haben und es auch nicht darum geht, etwas Bestimmtes wahrzunehmen, kann sich unser Wahrnehmungsbereich weiten.

Dies geschieht auch dann, wenn wir bereit sind, unsere Wahrnehmung läutern zu lassen. Läuterung bedeutet, etwas von Schlacken oder Verunreinigungen zu befreien. Unsere Wahrnehmung ist zwar nicht verunreinigt, jedoch aufgrund vielfältiger freudvoller und schmerzhafter Erfahrungen eingefärbt. Diese Einfärbungen nehmen die Farbe an von unseren Überzeugungen, Einstellungen, Erwartungen, Ansichten, von unserer körperlichen, emotionalen und geistigen Verfassung, unseren bisherigen Erfahrungen und von den uns vertrauten gesellschaftlichen Normen. Unser Blick wird durch diese Einfärbungen getrübt. Wir sehen die Wirklichkeit nicht in ihrer „heiligen Unabhängigkeit“ (Dag Hammarskjöld). Diese Einfärbungen bewirken eine selektive Blindheit, bei der wir zwar sehen, jedoch nicht sehen, was wir alles nicht sehen.

Gottes Anwesenheit können wir nicht sehen. Da er jedoch in uns gegenwärtig ist, spricht Paulus von uns als Tempel Gottes (1 Kor 3,16). Dieser Tempel beheimatet unsere menschliche Realität mit all ihren Einfärbungen und Gottes Gegenwart. Beides gehört unauflöslich zu uns. Um in der Meditation Spuren seiner Gegenwart wahrnehmen zu können, darf die Bereitschaft nicht fehlen, sich selbst wahrnehmen zu *wollen*.

Die selektive Blindheit bleibt bestehen, wenn der Mensch Realitäten nicht wahrnehmen will beziehungsweise nicht wahrhaben will. Dies habe ich in meiner Arbeit als Sozialpädagogin erfahren. Hier war es einmal meine Aufgabe, Langzeitarbeitslosen zu helfen, sich wieder in den Arbeitsmarkt zu integrieren. Dies war kein leichtes Unterfangen, da manche von ihnen Alkoholiker waren, jedoch meist nicht bereit, diese Tatsache in den Blick zu nehmen. Sie wurde verharmlost und zumeist sofort verleugnet, sogar dann, wenn es ihnen durch einen Alkoholtest vor Augen geführt werden konnte, dass sie zu viel getrunken hatten. Wenn sich das Röhrchen grün verfärbte, was eindeutig ihren Alkoholkonsum aufdeckte, war das Röhrchen in ihren Augen dann aber nicht grün, sondern gelb. Ein gelbes Röhrchen belegte einen nüchternen Zustand. Ich kann mich noch gut erinnern, als ich das erste Mal den Alkoholtest durchführte und sich das Röhrchen grün verfärbte. Der Mann behauptete jedoch so vehement, dass das Röhrchen eindeutig gelb sei, dass er mich tatsächlich verunsicherte und ich eine Kollegin fragte, welche Farbe sie sehe. In dieser Situation wurde mir deutlich vor Augen geführt, wie das Blickfeld eingeschränkt bleibt und damit auch jegliche Entwicklung verhindert wird, wenn man unangenehme Tatsachen nicht sehen will.

Dies trifft ebenso für unseren Weg zu Gott zu. Wer nicht bereit ist, sich selbst wahrzunehmen, wie er ist, wird nur schwer die Spuren Gottes in sich und in seinem Leben wahrnehmen können. Evagrius Ponticus, ein Vertreter des frühen Mönchtums, hat bereits im 4. Jahrhundert folgende Empfehlung gegeben: „Willst du Gott erkennen, so lerne zunächst dich selbst kennen." Dieses Kennenlernen geschieht, indem wir in der Meditation unsere Aufmerksamkeit nach innen lenken und so in spürbaren Kontakt mit uns selbst kommen. Die Achtsamkeit auf das innere Erleben schärft und weitet die Selbstwahrnehmung. Wir werden im wahrsten Sinne des Wortes „selbst bewusster". Denn *„Wahrnehmen bedeutet bewusst werden"*[15]. Es ist ein intensiver Prozess der Selbstbegegnung, der sich durch die Bereitschaft auszeichnet, sich selbst wahrnehmen zu *wollen*. Die Hoffnung, dass es weit mehr zu entdecken gilt, als wir im Augenblick wahrnehmen können, und die Sehnsucht nach einem vertieften Leben schenken uns die Kraft zum Weitergehen, ungeachtet der Einfärbungen, die unsere Sicht immer wieder einengen und verdunkeln. Von diesen allzu menschlichen Erfahrungen ließ sich Paulus nicht durcheinanderbringen. Er ermutigt dazu, unbeirrt den Weg zu Gott weiterzugehen, wenn er sagt: „Jetzt schauen wir in einen Spiegel und sehen nur rätselhafte Umrisse, dann aber schauen wir von Angesicht zu Angesicht. Jetzt erkenne ich unvollkommen, dann aber werde ich durch und durch erkennen, so wie ich auch durch und durch erkannt worden bin" (1 Kor 13,12).

Um uns auf die Gnade der Kontemplation vorzubereiten, müssen wir lernen, wahrzunehmen.[16]

Da Gott gegenwärtig ist, wir ihn aber nicht wahrnehmen, ist es eine logische Konsequenz, das Wahrnehmen zu lernen. Franz Jalics bezeichnet das kontemplative Gebet sogar als eine Schule der Wahrnehmung. Alles, was wir üblicherweise mit Schule verbinden, ist hier jedoch nicht von Belang. In dieser Schule wird man nämlich nicht beurteilt, man benützt keine Bücher, man muss keine

Prüfungen bestehen, man hat keine Ferien, und man macht auch nicht irgendwann einen Abschluss. Dies ist für uns ungewohnt, da zum Beispiel Bücher für uns selbstverständlich zu einer Schule dazugehören. In der Schule der Wahrnehmung geht es aber um die unmittelbare Begegnung: mit uns selbst und mit der Gegenwart Gottes. Martin Buber sagt: „Alles wirkliche Leben ist Begegnung. Die Beziehung zum Du ist unmittelbar … Alles Mittel ist Hindernis. Nur wo alles Mittel zerfallen ist, geschieht die Begegnung."[17]

Ein Beispiel von Franz Jalics soll dies veranschaulichen: Ein Mann liest gerade einen Brief von seinem Freund, als es klingelt und sein Freund vor der Tür steht. In diesem Moment verliert der Brief an Bedeutung. Er wird den Brief jetzt nicht mehr lesen, sondern ihn beiseitelegen und sich darüber freuen, seinem Freund unmittelbar zu begegnen. Das Gespräch ist nun das Mittel, das sie näher zueinanderführt. Es kann der Zeitpunkt kommen, in dem der Blickkontakt als Mittel der Kommunikation ausreicht. *„Irgendwann wird sogar der Blick zu viel sein. Das stille Beisammensein genügt. Die Herzen weiten sich, und wir befinden uns noch näher beieinander als mit den vorher genannten Mitteln."*[18]

In der Meditation verzichte ich auf alle Mittel. „Ich bringe nichts mit als mich selbst" (Silja Walter). Die Begegnung mit mir selbst und mit der Gegenwart geschieht in der unmittelbaren Wahrnehmung. Es kann Neuland sein, in der unmittelbaren Wahrnehmung zu bleiben, ohne das Wahrgenommene gedanklich sofort erfassen, beurteilen, analysieren und einordnen zu wollen. Dies war in der Meditation bei einem Mann der Fall, als er begann, seinen Körper bewusst wahrzunehmen. Er bemerkte, dass er dann anfing, jedes Körperteil, das er gerade wahrnahm, sofort zu benennen. Er kommentierte beständig seine eigenen Wahrnehmungen oder begann darüber nachzudenken, wie er das, was er gerade wahrnahm, anderen beschreiben würde. Er war es nicht gewohnt, „nur" wahrzunehmen, was im Augenblick war.

Da gedankliche Überlegungen uns von der unmittelbaren Erfahrung im Hier und Jetzt wieder wegführen, übt man in der Schule der Wahrnehmung beständig ein, die Aufmerksamkeit immer wieder neu von den Gedanken auf die konkrete Wahrnehmung zurückzuführen. Es geht also nicht darum zu lernen, irgendwann etwas Besonderes wahrzunehmen, sondern darum, sich immer wieder neu auf das Hier und Jetzt einzulassen. Denn „*in der Wahrnehmung bleiben, heißt auch in der Gegenwart bleiben*"[19]. Es ist jedoch nicht selbstverständlich, dass wir mit unserer Aufmerksamkeit tatsächlich in der Gegenwart bleiben. In der Schnelllebigkeit unserer Zeit ist unsere Aufmerksamkeit häufig auch schnell, das heißt, sie ist sprunghaft. Sie verliert sich im Vielerlei und findet keine Verankerung mehr im Hier und Jetzt. Wir nehmen dann die Welt einschließlich uns selbst entsprechend oberflächlich wahr. In der Schule der Wahrnehmung üben wir ein, nicht nur mit einem Teil unserer Aufmerksamkeit anwesend zu sein und mit einem anderen Teil „woanders", sondern mit einer ungeteilten Aufmerksamkeit in der Wahrnehmung zu bleiben. Das Verweilen in der Gegenwart führt zur inneren Sammlung und den Menschen zum Einklang mit sich selbst und zu seiner Tiefe. Um gegenwärtig zu bleiben, binden wir unsere Aufmerksamkeit immer wieder neu über eine konkrete Wahrnehmung an die Gegenwart. Gott, der sich als ein Gott der Gegenwart offenbart hat (Ex 3,14), ist in der Gegenwart erfahrbar. Da es nicht eine

Gegenwart mit Gott und eine Gegenwart ohne Gott gibt, ist jede Hinwendung zur Gegenwart eine Hinwendung zur Gegenwart Gottes, auch wenn wir dies nicht erfassen können.

Vielleicht ist es tröstlich, dass wir in der Schule der Wahrnehmung alle Anfänger bleiben. Wir fangen immer wieder neu an, uns auf die unmittelbare Begegnung mit uns selbst und der Gegenwart einzulassen. Das Wahrnehmen dessen, was ist, auch wenn es uns unbedeutend erscheint, ist eine Erfahrung der Gegenwart. Wenn Karl Rahner sagt, dass der Fromme von morgen ein Mystiker sein wird, einer, der etwas erfahren hat, oder er wird nicht mehr sein, spricht er von der persönlichen, unmittelbaren Erfahrung. Die Schule der Wahrnehmung führt zu dieser Erfahrung. Sie führt zu der Erfahrung der Gegenwart. Dort lässt sich Gott finden.

Bleiben Sie hellwach dabei. Bleiben Sie mit lebendigem Interesse bei der Wahrnehmung: Was ereignet sich da? Bleiben Sie ununterbrochen dabei.[20]

Dies sind die Eigenschaften der Meditation: hellwach, mit lebendigem Interesse, ununterbrochen bei dem zu sein, was gerade geschieht. Diese Eigenschaften fallen frisch Verliebten nicht schwer. Sie sind mit großem Interesse und hellwach dem anderen zugewandt und suchen seine Nähe, wann immer es möglich ist. Anfänger der Meditation und frisch Verliebte sind offen für das, was sich gerade ereignet. Doch dieser Zauber des Anfangs geht im Laufe der Zeit verloren und damit auch das lebendige Interesse, das alle Sinne für das Hier und Jetzt öffnet. Der

Alltag mit seiner anscheinenden Wiederholung des immer Gleichen beginnt grau und eintönig zu werden. Diese allzu menschliche Entwicklung beschreibt Hermann Hesse in seinem Gedicht „Stufen“: „Kaum sind wir heimisch einem Lebenskreise und traulich eingewohnt, so droht Erschlaffen.“[21] Schleicht sich in die Meditation eine Routine ein, droht dieses Erschlaffen. Man erwartet nichts Neues mehr. Man kommt zügig und automatisch zum Namen Jesu, den man monoton zu wiederholen beginnt. Obwohl dies gut „funktioniert“, fühlt sich die Meditation nicht gut an, sondern wird als langweilig, mühsam und beziehungslos erlebt. Etwas Wesentliches ist nämlich unmerklich verlorengegangen. Davon berichtet eine chassidische Erzählung.

Rabbi Jizchak Meïr erging sich einmal an einem Spätsommerabend mit seinem Enkel im Hof des Lehrhauses. Es war Neumond, der erste Tag des Monats Elul. Der Zaddik fragte, ob man heute den Schofar geblasen habe, wie es geboten ist einen Monat, ehe das Jahr sich erneut. Danach begann er zu reden: „Wenn einer Führer wird, müssen alle nötigen Dinge da sein, ein Lehrhaus und Zimmer und Tische und Stühle, und einer wird Verwalter, und einer wird Diener und so fort. Und dann kommt der böse Widersacher und reißt das innerste Pünktlein heraus, aber alles andre bleibt wie zuvor, und das Rad dreht sich weiter, nur das innerste Pünktlein fehlt.“ Der Rabbi hob die Stimme: „Aber Gott helfe uns: Man darf's nicht geschehen lassen!“[22]

Ohne das innerste Pünktlein zu meditieren – man darf's nicht geschehen lassen! Dieses innerste Pünktlein ist im hellwachen, interessierten Dasein zu finden. In der Meditation spürt man es als eine innere Verbundenheit zu Gott, die als Sehnsucht wahrnehmbar ist, auch dann, wenn man nicht mehr meditiert. Es belebt in gleicher Weise die zwischenmenschlichen Beziehungen durch die Aufmerksamkeit, die man empfängt und einander schenkt. Das unsichtbare Band, das es zwischen den Menschen knüpft, spürt man als Dankbarkeit, stille Freude oder als Sehnsucht, auch wenn man nicht mehr im unmittelbaren Kontakt ist. Gehen hingegen die Aufmerksamkeit und das Interesse füreinander verloren, verflüchtigt sich das innerste Pünktlein unmerklich. Man macht zwar weiter wie gewohnt und verrichtet die äußeren Dinge wie sonst auch, und doch ist nichts mehr, wie es war. Das lebendige Interesse hat sich verflüchtigt und die innere Verbundenheit fehlt. Das innerste Pünktlein erscheint klein, doch die Leere, die es hinterlässt, ist groß.

Für Teresa von Avila war es wichtig, ihren Mitschwestern zu vermitteln, dass es nicht genügt, „beim Beten gewohnheitsmäßig Worte auszusprechen." „Ich will, dass wir uns mit dem bloßen Aussprechen von Worten nicht zufriedengeben." Es war ihr ein großes Anliegen zu vermitteln, dass man Gott mit Gebeten keinen Dienst erweist, die man gewohnheitsmäßig verrichtet, ohne innerlich beteiligt zu sein. Im übertragenen Sinne läuft man Gefahr, das innerste Pünktlein zu verlieren, das heißt das wache Interesse für Gottes Gegenwart; und damit verliert man schleichend auch die Verbundenheit zu Gott und die Sehnsucht nach ihm. Diese Gefahr besteht auch dann, wenn man das Gebet nur als Pflicht oder als Aufgabe ansieht, die man zu erfüllen hat. Ich erinnere mich an einen Mann, der davon sprach, dass ihm in der Meditation langweilig sei. „*Langeweile in der Meditation ist ein klares Zeichen, dass man nicht in der Wahrnehmung ist. Mit der*

Wahrnehmung wird die Gegenwart interessant.“[23] Im Gespräch mit ihm wurde deutlich, dass er das Spüren seiner Hände wie eine Aufgabe betrachtet hatte. Als er seine Hände spürte, war für ihn diese Aufgabe erledigt. Er meditierte zwar weiter, jedoch ohne darauf zu achten, was geschieht, wenn er seine Hände *weiterhin* bewusst wahrnimmt und hellwach und mit Interesse dabeibleibt.

Das innerste Pünktlein, das die Meditation wieder belebt, ist stets in der Gegenwart zu finden, im immerwährenden Zauber des Anfangs. Aus diesem Grund ist es wesentlich, jede Meditation bewusst wieder neu zu beginnen. Was erfahre ich, wenn ich mich *jetzt* mit der Aufmerksamkeit, die mir möglich ist, hellwach und mit lebendigem Interesse Gottes Gegenwart zuwende? In jeder Meditation lasse ich mich neu auf die Beziehung zu mir selbst ein und öffne mich immer wieder neu für die Beziehung zu Gott. In diesem Beziehungsgeschehen pulsiert mein Leben. Es ist niemals statisch, sondern macht jede Meditation zu einer einzigartigen, sich nicht wiederholenden neuen Erfahrung.

Du kannst immer mit Entschlossenheit versuchen, in die Wahrnehmung zu kommen, ob es gelingt oder nicht. Die Ergebnisse sind nicht wichtig. Wir müssen nichts erreichen. Der ernsthafte und ständige Versuch genügt.[24]

Hindernisse, Probleme und Schwierigkeiten bleiben niemandem erspart. Sie sind ungefragt eine selbstverständliche Zugabe auf unserem Weg zu Gott, die man natürlich auch in der Meditation zu spüren bekommt. Man will zum Beispiel in die Wahrnehmung kommen, doch beständig taucht etwas auf, was einen sogleich wieder von der Wahrnehmung wegführt. Trotz Bemühung bleibt man an der Oberfläche. Hier ist Entschlossenheit vonnöten, um in der Meditation nicht aufzugeben und trotzdem dranzubleiben. Teresa von Avila spricht sogar von einer entschlossenen Entschlossenheit. Sie macht mit der Verdoppelung des Begriffs deutlich, wie unentbehrlich diese Haltung auf unserem Weg zu Gott ist. Sie schreibt, „dass viel, ja alles an einer großen und ganz entschlossenen Entschlossenheit gelegen ist, um nicht aufzuhören, bis man zur Quelle vorstößt, komme, was da kommen mag, passiere, was passieren mag, sei die Mühe so groß, wie sie sein mag, lästere, wer da lästern mag, mag ich dort ankommen, mag ich unterwegs sterben oder nicht beherzt genug sein für die Mühen, die es auf dem Weg gibt, ja mag die Welt untergehen …“[25]

Ihre Zeilen lassen erahnen, welche Kraft in einer entschlossenen Haltung liegt und welche Klarheit und Zielstrebigkeit sie zutage fördert. Diese Entschlossenheit findet man ebenso bei ihrer Mitschwester Therese von Lisieux, wenn sie sagt: „Ich finde es nicht der Mühe wert, die Dinge halb zu tun.“ „Nur halb“ zu meditieren würde bedeuten, dass man sich zwar zum Meditieren hinsetzt, dann jedoch die Zeit so dahinplätschern lässt und mit seiner Aufmerksamkeit mal hier und mal dort ist. Oftmals fängt man in einer unentschlossenen Haltung erst gar nicht zu meditieren an. Entschlossenheit hingegen führt zu klaren Entscheidungen und bündelt die Aufmerksamkeit. Dies meint aber nicht, angestrengt zu versuchen, in der Meditation irgendetwas zu erreichen. Dies unterstreicht Franz Jalics, wenn er sagt: *„Entschlossenheit ist die geistige Haltung, sich auf etwas einzulassen, sich einer Sache zu schenken* *und sich ganz hinzugeben. Ob das von Erfolg gekrönt wird oder nicht, hat weniger Bedeutung.“*[26] Teresa von Avila wusste, dass sie auch mit der größten Entschlossenheit nichts herbeizwingen konnte und es auch gar nicht musste. Ihre Mitschwestern lehrte sie, dass es einzig und allein wichtig sei, „uns dem Schöpfer ganz hinzugeben und unseren Willen dem seinen zu ergeben“[27]. Es genüge, „Schritt für Schritt [zu] tun, was wir können“[28]. Jeder anscheinend noch so kleine Schritt führt uns näher zu uns selbst und näher zu Gott.

Wie wichtig die entschlossene Entschlossenheit ist, erfuhr eine Frau bei einer schwierigen inneren Wegetappe. Sie verhalf ihr dazu, Schritt für Schritt, vielleicht kann man sogar sagen Atemzug für Atemzug, weiterzugehen und nicht aufzugeben. Die Schwierigkeit in der Meditation bestand darin, dass sie ihre Hände kaum wahrnahm, obgleich sie sich bemühte. Der Name Jesus Christus löste in ihr einen inneren Widerstand aus. Sie erkannte aber, dass es eine Versuchung war, deshalb mit der Meditation aufzuhören. Entschlossen lenkte sie ihre Aufmerksamkeit in Richtung ihrer kalten Hände. Sie fühlte eine Ohnmacht und hatte den Eindruck, dass sich der Widerstand wie eine harte Kruste auf ihre kalten Hände legte. Aus dem Nichts heraus, so beschrieb sie ihr Erleben, platzte die Kruste auf einmal auf und eine längst vergessene Verletzung aus der Kindheit stand ihr plötzlich vor Augen. Sie sah den Küchentisch, auf den sie als kleines Mädchen an jeder Ecke einen Blumenstrauß gestellt hatte und einen besonders schönen in die Mitte. Sie hatte die Blumen mit viel Liebe auf einer Wiese für ihre Mutter gepflückt. Voller Vorfreude wartete sie auf die Mutter. Als diese endlich von der Arbeit kam, fing sie jedoch gleich zu schimpfen an, weil sie keinen Platz fand, um ihre Einkaufstaschen abzustellen. Die Frau konnte sich nicht mehr erinnern, ob sie damals geweint hatte, weil ihre Mutter ihre Liebe nicht wahrnahm und sie beschimpfte, statt ihre Liebe zu erwidern. Jetzt ließ sie ihre Tränen zu und hielt sie nicht zurück. Rückblickend erkannte sie, wie wichtig es war, dass sie trotz ihres Widerstands entschlossen immer und immer wieder zur Wahrnehmung zurückgekehrt war. Indem sie dabeiblieb und nicht flüchtete, konnte eine lang verdrängte Verletzung ans Licht kommen und Heilung finden.

Zwischen Wahrnehmung und Vorstellung gibt es einen großen Unterschied. Die Vorstellung ist unser eigenes Produkt, wenigstens kann sie ohne Beziehung zur Realität existieren. Sie ist im Kopf und gewissermaßen unabhängig von der Realität.[29]

Vorstellungen trennen mich von der Realität und wirken wie eine Trennwand. Sie schieben sich zwischen mich und Gott, zwischen mich und den Mitmenschen und zwischen mich und meinen göttlichen Wesenskern. Was hinter der Trennwand liegt, bleibt im Verborgenen und beeinflusst dennoch meine Handlungen, Gedanken und Gefühle.

Bei einer belanglosen Situation wurde mir bewusst, wie sehr Vorstellungen unseren Blick einengen können und uns daran hindern, zu sehen, was ist. Die Teilnehmenden eines Meditationskurses wurden gebeten, vor ihrer Abreise ihr Zimmer zu putzen und den Teppich zu saugen. Eine Frau kam und sagte, dass sie dies gerne machen würde, doch in ihrem Zimmer sei keine Steckdose. Sie habe überall gesucht, sogar hinter dem schweren Kleiderschrank, den sie verrückt hatte. Doch nirgends sei eine Steckdose zu finden gewesen. Die Frau hatte recht. Überall, wo sie gesucht hatte, war tatsächlich keine Steckdose. Sie wohnte in einem modernen Apartment. Dort waren alle Steckdosen im unteren Bereich der Wand angebracht. Doch der Meditationskurs fand in einem alten Kloster statt. Hier befand sich die Steckdose auf Augenhöhe neben dem Türpfosten. Obwohl sie jeden Tag mehrmals an ihr vorbeiging, hatte sie die Steckdose nicht gesehen. Sie hatte sie dort auch nicht gesucht, weil sie sich nicht vorstellen konnte, dass man an dieser Stelle eine Steckdose anbringen kann.

Manche Vorstellungen, die man als Kind entwickelt hat, können bis ins Erwachsenenalter Realitäten hartnäckig verdecken. Eine Frau erzählte mir, dass sie schon als Kind gelernt hatte, alleine zurechtzukommen, wenn es ihr nicht gut ging. Ihr Vater, der sehr liebevoll zu ihr war, musste immer wieder auswärts arbeiten und war deshalb zeitweise zuhause abwesend. Sie entwickelte die Vorstellung, dass ihr Vater immer dann von zuhause wegging, wenn sie Kummer hatte. Diese Vorstellung übertrug sie unbewusst auf ihre Beziehung zu Gott. In den schwierigen Momenten ihres Lebens war Gott für sie ebenso abwesend wie ihr Vater. Sobald sie in der Meditation einen Schmerz spürte oder sich Ängste zeigten, spannte sie ihren Körper an und presste ihre Hände zusammen. Ihre Betroffenheit war groß, als ihr bewusst wurde, dass Gott für sie in diesen schwierigen Momenten so weit weg war, dass es ihr nicht einmal einfiel, ihn um Beistand zu bitten. Ihre Gedanken und Gefühle waren von der Vorstellung bestimmt: „Wenn es mir nicht gut geht, dann ist niemand da, und ich muss alleine schauen, wie ich zurechtkomme."

Vorstellungen in Bezug auf die Meditation beeinflussen ebenso unser Befinden. Sie können uns unter Druck setzen, frustrieren und deprimieren. Häufig verstecken sich diese Vorstellungen hinter Wenn-dann-Sätzen. „Wenn ich mich nur richtig anstrenge, dann wird die Meditation gut." „Wenn ich anders wäre, würde Gott mich lieben." „Wenn ich lange genug meditiert habe, dann werden die Gedanken weniger werden." „Wenn ich unruhig bin, dann macht es keinen Sinn, dass ich meditiere."

Vorstellungen wirken auf uns jedoch nicht nur negativ und blockierend. Sie können auch eine lebensbejahende Kraft in uns wecken. Ein herausragendes Beispiel ist das Lebenszeugnis von Viktor Frankl, der vier Konzentrationslager überlebt hat. Er stellte sich vor, wie er nach der Befreiung Vorlesungen über die Auswirkungen des Lagers auf die Psyche halten würde. Diese Vorstellung richtete ihn in all dem unsäglichen Elend auf das Leben aus. Sie war für ihn die entscheidende Kraft, unter widrigsten Umständen weiterzuleben.

Teresa von Avila empfiehlt, sich Christus vorzustellen, um sich in seine Gegenwart zu versetzen. Für sie können alle Schwierigkeiten im Gebet auf die eine Ursache zurückverfolgt werden, dass man so betet, als wäre Gott abwesend. Die Vorstellung, dass Gott liebevoll auf mich schaut, bringt eine Seelenkraft zur Entfaltung, die meine Präsenz weckt und mich von Anfang an auf Gott ausrichtet. Ich darf dann jedoch nicht in die Fantasie gehen, um mir etwas Schönes auszumalen, sondern ich öffne mich entschlossen dem Hier und Jetzt. *„Die Meditation ist bodenständig und realitätsbezogen."*[30] Ich bleibe also nicht bei einer schönen Vorstellung haften, sondern verbinde mich mit der Realität, indem ich meine Aufmerksamkeit auf die schlichte Wahrnehmung meiner Hände richte und Atemzug für Atemzug den Namen Jesu leise in mir erklingen lasse.

Versuche, wach bei der Wahrnehmung von etwas, wie zum Beispiel der Wärme, zu verweilen, auch wenn nichts Neues kommt.[31]

Als mir vor vielen Jahren die Funktionen eines Computers erklärt wurden, musste die Einweisung unterbrochen werden, während ein Programm auf den Computer heruntergeladen wurde. Während dieser Zeit waren die Funktionen des Computers blockiert. Am Bildschirm erschien eine kleine Sanduhr. Ich stellte den Computerexperten die naive Frage, ob wir jetzt so lange warten müssten, bis der Sand durchgelaufen sei. Er lächelte und meinte, dass man an der Sanduhr nichts dergleichen ablesen könne. Sie diene nur zur Beruhigung. Wer warten müsse, würde schnell ungeduldig werden. Es täte dann gut, auf etwas schauen zu können, was sich bewegt. Man bekäme dann den Eindruck, dass die Situation unter Kontrolle sei und etwas voranginge. Im Grunde könne man aber nichts beschleunigen. Man müsse einfach warten. Heute ist die Sanduhr abgelöst durch eine Murmel, die sich beständig dreht und die gleiche beruhigende Wirkung ausüben soll. Einfach „nur" zu warten, während anscheinend nichts passiert, und noch dazu nicht zu wissen, wie lange man warten muss, löst in der Regel großes Unbehagen, Ungeduld und nicht selten Ärger aus.

In diesen Zustand kann man auch in der Meditation geraten. Ich denke an eine Frau, die mir sagte, dass sie in der Meditation zwar spürte, dass ihre Hände warm geworden waren, dass aber während der ganzen Meditation sonst nichts weiter passierte. Im Laufe der Zeit sei sie dann immer ungeduldiger geworden. Schließlich habe sie nur noch auf den Gong gewartet. Sie erlebte die Wahrnehmung ihrer gleichbleibend warmen Hände als Stillstand, da nichts Neues hinzukam. Es ist zunächst ungewohnt, dass auf dem kontemplativen Weg nichts Neues hinzukommen muss. Hier dürfen wir bei etwas bleiben, auch wenn dieses Etwas schlicht, klein und unspektakulär ist, wie zum Beispiel das Empfinden der Wärme unserer Hände. Franz Jalics gibt klar zu verstehen: *„Das Empfinden der Handflächen führt uns direkt in die Gegenwart und damit in die Richtung der Gegenwart Gottes.“*[32] Im Verweilen-Dürfen, im Nicht-weiter-sein-Müssen nähern wir uns unserem Sein. Unmerklich verändert dies unsere innere Haltung. Wir verzichten auf das eigene Tun und verlassen den eingetretenen Pfad, etwas aus eigenen Kräften erreichen und verändern zu müssen. Stattdessen lassen wir uns von dem, was bereits da ist, berühren.

Die Frau versuchte nun ein Interesse dafür zu entwickeln, was geschieht, wenn sie nur die Wärme ihrer Hände wahrnimmt und nur bei dieser Empfindung verweilt. Sie registrierte nun nicht nur kurz die Wärme ihrer Hände in der Erwartung, was dann als Nächstes passieren würde. Sie ließ jetzt die Empfindung ihrer Hände auf sich wirken. Wenn Gedanken kamen, kehrte sie wieder zu dieser Empfindung zurück. Sie empfand die Wärme als wohltuend und den Hinweis, dass sie dabei nichts erreichen müsse, als entlastend. In diesem schlichten Dabei-Sein und Dabei-Bleiben erlebte sie etwas, was sie sehr berührte: ein Empfinden von Innigkeit. Der Gong kam dann für sie völlig überraschend. Sie konnte kaum glauben, dass bereits eine halbe Stunde vergangen war. Das Verweilen bei der direkten Erfahrung des Augenblicks geht einher mit einer anders empfundenen Zeiterfahrung. Das achtsame Bei-sich-Sein und Bei-sich-bleiben-Dürfen führt uns tiefer in die Verbindung zu uns selbst. Die Wahrnehmung kann sich vertiefen, da wir es uns gestatten, mit unserer Aufmerksamkeit bei etwas Schlichtem und Einfachem zu bleiben. Dies stärkt unsere Fähigkeit zum Verweilen. „Das kontemplative Verweilen *gibt* Zeit. Es *weitet* das Sein, das mehr ist als Tätig-Sein. Das Leben gewinnt an Zeit und Raum, an Dauer und Weite, wenn es das kontemplative Vermögen wiedergewinnt.“[33]

II. Der Atem, die Hände und der Name Jesus Christus

Es atmet in mir, und ich schaue nur zu. Ich beeinflusse das Atmen nicht. Sonst ist das schon ein „Machen".[34]

Da es in uns atmet, solange wir leben, ist der Atem unser steter Begleiter. Atem bedeutet Leben. So heißt es in der Schöpfungsgeschichte: Da formte Gott, der Herr, den Menschen aus Erde vom Ackerboden und blies in seine Nase den Lebensatem. So wurde der Mensch zu einem lebendigen Wesen (Gen 2,7). Dieser Lebensatem ist göttlich. Der Atem Gottes wird manchmal auch Heiliger Geist genannt. In einem alten Hymnus der Kirche beten wir zum Heiligen Geist als dem „Schöpfer Geist, der Leben schafft". Diese lebensschaffende Kraft hat nicht nur am Anfang der Schöpfung gewirkt, sondern sie durchdringt unser Leben täglich neu. Der Atem bringt uns in Berührung mit der Gegenwart und führt uns nach innen, zu unserer eigenen Tiefe, zum Geist Gottes, der in uns wohnt. Mit jedem Einatmen empfangen wir neues Leben, mit jedem Ausatmen lassen wir los. Der Atem hat also zwei Richtungen: „hinaus ins Weite und hinein ins Innere. Leben vollzieht sich in dieser wie in jener. Jede ist Leben, aber keine das ganze. Wenn das Lebendige nur ausatmen wollte, würde es ebenso ersticken, wie wenn es nur einatmete."[35]

Größtenteils atmen wir unbewusst. Der Atem kommt und geht in seiner Weise. Unser Körper weiß von allein, wie viel Luft er braucht. Wir müssen dabei nichts regeln und den Atem weder korrigieren noch steuern. Es atmet in uns. Die schlichte Wahrnehmung unseres Atems führt zu einer intensiven Selbstbegegnung. Der Historiker Yuval Noah Harari versuchte, einer Meditationsanleitung folgend, seine Aufmerksamkeit nur auf seinen Atem zu lenken. Er erlebte dabei, wie seine Gedanken machten, was sie wollten. Trotz aller Bemühung war er nach spätestens zehn Sekunden von seinem Atem weg und schon wieder im Denken. Er schreibt, dass diese Meditationsanleitung das Wichtigste war, das jemals irgendjemand zu ihm gesagt hatte. Er hatte seit Jahren mit der Vorstellung gelebt, dass er der Herr seines Lebens sei. Jetzt machte er die Erfahrung, wie wenig Kontrolle er über sich selbst hatte.[36]

Eine ähnlich ernüchternde Erfahrung machte eine Frau in einem Exerzitienkurs. Ihr hielt der Atem ebenfalls einen Spiegel vor. Sie wollte nur auf ihren Atem lauschen, doch stattdessen versuchte sie beständig auf ihren Atem Einfluss zu nehmen. Wenn sie nicht auf ihren Atem achtete, atmete sie ruhig und gleichmäßig. Sobald sie ihn jedoch bewusst wahrnahm, konnte sie nicht mehr einfach nur auf ihn schauen, sondern sie versuchte sogleich ihren Atem zu manipulieren. Ihr natürlicher Atemrhythmus wurde gestört und dadurch holprig. In der Meditation darf jedoch der Atem ganz natürlich kommen und gehen. Es spielt dabei keine Rolle, ob der Atem tief oder flach, regelmäßig oder unregelmäßig ist. Indem man einfach nur zuschaut, wie der Atem kommt und geht, übt man eine Haltung des Geschehen-Lassens ein. *„Diese Übung ist eine außerordentlich günstige Gelegenheit zu lernen, dass man nicht alles manipulieren muss.“*[37] Die Frau erkannte sehr wohl, dass sie ihren Atem eigentlich gar nicht steuern musste und sie sich völlig unnötig anstrengte, doch sie vermochte nicht, dies zu verändern. Das war für sie sehr ernüchternd und deprimierend. Sie konnte sich eingestehen, dass sie nicht in der Lage war, einfach nur der Spur ihres Atems zu folgen, ohne ihn zu beeinflussen. Auch wenn sie dies nicht ändern konnte, veränderte sich mit der Zeit ihre innere Haltung. Sie hörte schließlich auf, zu versuchen es zu schaffen, ihren Atem einfach „nur" fließen zu lassen. Sie gab sich stattdessen die Erlaubnis, sich mit ihrem holprigen Atem Gott zuzuwenden. Sie spürte dabei eine große Entlastung, denn sie setzte ihr Vertrauen nicht mehr in ihre eigene Anstrengung, sondern mehr und mehr auf Gott.

In der Begleitung werde ich manchmal gefragt, ob es möglich sei, in der Meditation nur auf den Atem zu achten und nicht mehr auf die Hände. Diese Frage wird vor allem dann gestellt, wenn jemand Schwierigkeiten hat, seine Hände wahrzunehmen. Die Wahrnehmung des Atems führt ebenso in die Gegenwart wie die Wahrnehmung der Hände. *„Durch die Aufmerksamkeit auf den Atem finden wir auch wieder den Weg zum Schöpfer."*[38] Bei vielen Meditationspraktiken steht die Wahrnehmung des Atems im Zentrum der Aufmerksamkeit. Der Atem reagiert jedoch sehr empfindlich und unmittelbar auf psychische und physische Veränderungen. Wenn wir unruhig oder ungeduldig sind, wenn wir Angst oder Schmerzen haben, wirken sich diese Empfindungen unmittelbar auf unseren Atem aus. Er wird schneller, flacher oder stockt gar. Wir können dann unsere Aufmerksamkeit nicht mehr an den Atem binden, so dass er uns keinen Halt mehr geben kann. Aus diesem Grund empfiehlt Franz Jalics beim Ausatmen den Namen Jesus und beim Einatmen den Namen Christus mit einem inneren Klang in die Hände zu sprechen.[39] Das Zusammenfließen des Namens mit dem Atem und der Wahrnehmung der Hände verstärkt die eigene Präsenz und unterstützt uns darin, die Verbindung zur Gegenwart zu wahren.

Die Wahrnehmung unserer Hände ist zudem ein körperlicher Prüfstein, durch den wir stets unmittelbar erkennen können, wo wir mit unserer Aufmerksamkeit sind. Entweder sind wir der Gegenwart zugewandt, da wir unsere Hände nur im Hier und Jetzt wahrnehmen können, oder aber wir sind mit unserer Aufmerksamkeit in Gedanken und Phantasien und kreisen um uns selbst.

Du brauchst nicht hinzukommen. Lass deine Hände zu dir kommen. Interessiere dich dafür, was von deinen Handflächen her kommt. Das ist eine Wende um 180 Grad. Eine Änderung in deiner Grundhaltung.[40]

Aus unterschiedlichen Gründen kann man von der Annahme geleitet sein, dass man die Dinge immer selbst in die Hand nehmen muss, weil sonst nichts passieren würde; dass man für alles verantwortlich ist und sich um alles selbst kümmern muss. Mit diesen Annahmen wird man auch in der Meditation dazu neigen, nicht einfach nur zu warten, was von den Handflächen kommt. Man wird auch in der Stille die Initiative ergreifen und versuchen, in die Hände hineinzukommen, das heißt die Hände um jeden Preis spüren zu wollen. Auch wenn eine gute Absicht dahintersteht, verpasst man dabei, das wahrzunehmen und auf sich wirken zu lassen, was bereits da ist. Dies kann zum Beispiel die Berührung der beiden Hände sein oder der Zwischenraum, der die beiden Handinnenflächen verbindet, oder eine gewisse Wärme oder Kälte, die von den Händen ausgeht. Die Wende um 180 Grad besteht darin, sich nicht anzustrengen, um in die Hände hineinzukommen, sondern eine hörende, abwartende Haltung einzunehmen. Man „tut" nichts anderes, als offen aufzunehmen, was von der Wahrnehmung der Hände entgegenkommt. Diese Änderung der Grundhaltung geschieht nicht von jetzt auf gleich. Sie beginnt, indem man zunächst den eigenen angestrengten und angespannten Zustand bemerkt und beharrlich immer wieder neu eine Wende vollzieht, und zwar vom Denken zum Empfinden und von der Anstrengung, in die Hände hineinzukommen, zum hörenden, aufnahmebereiten Da-Sein.

Als ich zu Beginn eines Exerzitienkurses gerade dabei war, die Decken im Meditationsraum auszulegen, begrüßte mich eine Teilnehmerin und fragte sogleich, ob sie mir helfen könne, was ich aber verneinte. Diese kleine Situation wirkte in ihr sehr nach. Bei ihrer Ankunft war sie erschöpft und bot trotzdem sofort ihre Hilfe an. Sie sagte, dass dies für sie ein typisches Verhalten gewesen sei. Jetzt erschrak sie jedoch darüber, wie schwer es ihr anscheinend fiel, das Machen und Tun einfach mal zu lassen. Sie hatte nicht einmal gespürt, wie erschöpft sie eigentlich war. Sie fragte sich, ob sie sich nicht grundsätzlich im Leben zu sehr anstrengte und ob dies vielleicht sogar in der Meditation der Fall sein könnte. Bemühte sie sich vielleicht zu sehr, ihre Hände zu spüren? Es beschlich sie eine Ahnung, dass dies der Grund dafür sein könnte, warum sie die Meditation oftmals als so anstrengend empfand. Sie nahm sich vor, achtsamer für ihr eigenes Befinden zu sein. In der Meditation spürte sie, dass sie erschöpfter war, als sie wahrhaben wollte. Sie nahm ihre Müdigkeit bewusst wahr und lenkte, so wie sie es vermochte, ihre Aufmerksamkeit immer und immer wieder *behutsam* zu ihren Händen. Sie bemühte sich nun nicht darum, etwas zu erreichen, sondern sie nahm eine hörende Haltung ein und versuchte jetzt abzuwarten, was ihr von ihren Händen entgegenkam. In dieser Offenheit, in der man bereit ist, auf den eigenen Willen und das eigene Tun zu verzichten, „legen wir unsere Seele aufnahme- und formungsbereit in Gottes Hände"[41] (Edith Stein). In dieser veränderten Haltung nahm sie ein sanftes, wohltuendes Strömen wahr, das von ihren Händen ausging. Sie war sehr überrascht, weil sie sich nicht angestrengt hatte, es zu spüren. Jetzt sah sie in dem sanften Strömen die liebevolle Antwort Gottes, die eigene Anstrengung zu lassen und sich stattdessen berühren lassen von seiner verborgenen Gegenwart.

Es geht nicht darum, Wärme oder etwas Bestimmtes zu spüren. Es geht um eine Haltung der Aufnahmebereitschaft. Wir lernen entgegenzunehmen, was von den Händen oder besser gesagt von der Realität her kommt.[42]

Diese Anleitung zur Meditation lässt die Freiheit für eigene Erfahrungen. Wir müssen nicht etwas Bestimmtes spüren können, um „gut" zu meditieren. Es genügt, unsere Aufmerksamkeit in einer offenen, aufnahmebereiten Haltung in Richtung der Hände zu lenken. Wir lassen uns dabei auf eine intensive Begegnung mit uns selbst ein. Da jeder Mensch einen einzigartigen Weg zu Gott hat, sind auch die Wahrnehmungen der Hände einzigartig. So unterschiedlich sie auch sein mögen, es gibt dabei keine falsche Wahrnehmung. Es gibt nur persönliche

Wahrnehmungen, die unsere ureigenen Erfahrungen sind. In der Ausrichtung auf Gott lassen wir uns auf diese Erfahrungen ein. *„Wir öffnen uns wie eine Antenne, die empfängt, was auch immer kommt."*[43] Wenn unsere Wahrnehmungen schön, angenehm und wohltuend sind, fällt es uns leicht, aufnahmebereit zu sein. Schwierig wird es zumeist dann, wenn wir etwas wahrnehmen, was uns nicht gefällt, was nicht unseren Erwartungen entspricht oder schmerzhaft ist.

Diese Erfahrung machte eine Frau, die keinen Zugang zu ihren Händen fand. Sie war darüber frustriert, weil sie „nichts" spürte. Wenn sie ihre Hände zusammendrückte, fühlte sie einen Druck, den sie jedoch als unangenehm empfand. Es beruhigte sie etwas, dass sie dieses „Nichts" nicht werten musste und es auch nicht notwendig war, ihre Hände zusammenzupressen, um irgendetwas wahrzunehmen. Es genügte, dass sie mit der Aufmerksamkeit weiter dabeiblieb, auch wenn es ein „Nichts" war, das sie wahrnahm. Das „Nichts" veränderte sich, und sie fühlte sich plötzlich wie von allem „abgeschnitten", was eine tiefe Einsamkeit und Traurigkeit in ihr auslöste. Dies war der Beginn eines tiefen Heilungsprozesses.

Die Wüstenväter haben diesen Heilungsprozess, der uns näher zu uns selbst und zu Gott führt, als „Kampf" beschrieben. Es ist ein Kampf, bei dem es nicht darum geht, gegen etwas zu kämpfen, sondern aufzunehmen und sich dem zu stellen, was sich in der Stille zeigt. In dieser Bereitschaft kommen wir in spürbare Verbindung mit uns selbst und auch mit all dem, was in uns noch der Heilung bedarf. Zugleich bleiben wir uns selbst zugewandt und wahren den Kontakt zur Gegenwart, indem wir unsere Hände im Hier und Jetzt wahrnehmen. *„Dahinter steckt die*

Überzeugung, dass es im Innern des Menschen eine heilende Kraft gibt, die in der Stille zum Tragen kommt.“[44]

Trotz des Empfindens von „Abgeschnitten-Sein“ spürte die Frau eine Kraft, die bewirkte, dass sie weiter meditieren konnte und das Gefühl der Einsamkeit aushielt. Diese erneute und ihr doch so vertraute Erfahrung der Einsamkeit war ein Grundproblem in ihrem Leben. Seit ihrer Kindheit hatte sie versucht, dieser Einsamkeit zu entfliehen. Wenn die Einsamkeit sie dann doch einholte, rutschte sie zumeist in eine Krise. Gefühle von Traurigkeit und Selbstmitleid lähmten sie, und Schuldgefühle bedrückten sie, da sie glaubte, dass sie, wenn sie anders wäre, auch nicht einsam sei. Jetzt war sie aber entschlossen, vor dem Gefühl der Einsamkeit nicht mehr wegzulaufen. Zumindest im Gebet wollte sie sich diesem Schmerz stellen. Die Frau spürte zwar ihre Hände nicht, doch wenn sie ihren Daumen leicht bewegte, spürte sie in ihren Händen diese sanfte Berührung. Diese subtile Wahrnehmung machte es ihr möglich, zu erkennen, ob sie weiterhin mit der Gegenwart verbunden war oder ob sie sich von ihren Gedanken und Gefühlen „wegziehen“ ließ. Indem sie diese leichte Berührung ihrer Hände wahrnahm, fand sie immer wieder zur Gegenwart zurück. Bei diesem inneren „Kampf“ ist die Verbindung zur Gegenwart nämlich das Entscheidende, da die ersehnte Wandlung nur in der Gegenwart geschehen kann. Der Mensch ist bereit zu begegnen, was sich in ihm zeigt, und flüchtet nicht mehr vor dem, was ihn leiden lässt. Seine Aufmerksamkeit bindet er dabei an die heilende und neues Leben schenkende Gegenwart Gottes.

Der Name Jesu Christi steht für seine Person. Durch ihn verbinden wir uns mit Christus selbst.[45]

Wenn unser Name falsch ausgesprochen wird, korrigieren wir zumeist sofort. Dies ist verständlich, da unser Name untrennbar mit unserer Person verbunden ist. Durch den Namen können wir jemanden ansprechen und mit dieser Person direkt Verbindung aufnehmen. Ebenso nehmen wir Verbindung zu Jesus Christus auf, wenn wir seinen Namen aussprechen. Im Hebräischen steht der Name jedoch nicht nur für die Person, sondern auch für ihr Wesen. „Wenn man sich demnach dem Namen ‚Jesus Christus' zuwendet, wendet man sich seiner Person und seinem Wesen zu. Sein Wesen zeichnet sich aus durch eine tiefe Verbundenheit zu Gott, seinem Vater, die so tief und innig ist, dass Jesus sagen kann: ‚Ich und der Vater sind eins' (Joh 10,30)."[46] Zu diesem Geheimnis der Einheit und Wesensgleichheit schreibt Andreas Knapp: „Der Vater ist nicht der Sohn und der Sohn nicht der Heilige Geist. Und doch gibt es eine Einheit im Wesen, im Wesentlichen – eine tiefe, verbindende Basis, nämlich die Liebe. Denn das Besondere der Liebe liegt darin, dass sie zusammenbindet, ohne zu nivellieren. Sie einigt, ohne die Differenzen aufzulösen."[47] Wenn wir den Namen Jesu innerlich wiederholen, wenden wir uns seinem Wesen zu, das heißt der Liebe, die uns mit ihm verbindet und die uns doch freilässt. Tomáš Halík betont: „Jesus lebt in seinem tiefsten Wesen in der Beziehung und durch die Beziehung, *er ist* die Beziehung zum Vater und gleichzeitig die Beziehung mit uns und zu uns."[48] Beim kontemplativen Gebet geht es also nicht einfach nur um eine Wiederholung des Namens. Es geht um die Beziehung. In der Hinwendung zum Namen Jesu lassen wir uns auf Beziehung ein und öffnen uns für seine verborgene, liebende Gegenwart.

Das Erleben dieser Gegenwart erschließt sich uns nicht über unseren Verstand. Für den unbekannt gebliebenen Autor des Buches „Die Wolke des Nichtwissens" bestand kein Zweifel darin, dass Gott gedanklich nicht erfasst werden kann. Er schreibt: „Und daher will ich alles, was ich denken kann, hinter mir lassen und zum Gegenstand meiner Liebe das erwählen, das nicht gedacht werden kann. Denn Gott kann wohl geliebt, aber nicht gedacht werden. Von der Liebe lässt er sich fassen und halten, vom Intellekt jedoch nicht."[49] Im kontemplativen Gebet nähern wir uns der Gegenwart Gottes nicht mit unserem Intellekt, sondern mit unserer Aufmerksamkeit, die wir dem Namen Jesu und damit seiner Person entgegenbringen.

Eine Frau sagte mir, dass sie ihren Glauben immer über den Kopf gelebt habe. Bei ihr war es immer um das Verstehen-Wollen gegangen. Als sie das kontemplative Gebet kennenlernte, wurde ihr bewusst, dass sie gar nicht alles verstehen musste. Sie konnte sich jedoch von allem, was ist, berühren lassen. Als sie ihrem Atem nachspürte und dem Namen Jesu im Atem nachlauschte, spürte sie eine Ruhe in sich und eine stille und doch kraftvolle Verbindung. Sie fühlte sich zutiefst von Gottes Gegenwart berührt und erkannte, dass nur Gott, der die Liebe ist, diese Kraft hat, zu verbinden, was getrennt ist. Diese Erfahrung tiefer innerer Verbundenheit erlebte sie als ein großes Geschenk. Sie hatte den großen Unterschied erlebt zwischen Denken und Wahrnehmen und zwischen „etwas verstehen wollen" und „in liebender Verbindung sein". Sie drückte ihre Erfahrung mit folgenden Worten aus: „Für mich ist Gott Verbindung."

Doch was ist, wenn jemand keine Verbindung zu Jesus Christus spürt? Wenn jemand keine persönliche Beziehung zu Jesus Christus hat? Viele Christen wenden sich heute nicht nur von der Kirche ab, sondern auch von Jesus Christus. Trotzdem ist für viele Gott nach wie vor ein Sehnsuchtswort geblieben und sie selbst sind weiterhin Suchende. In Bezug auf die Praxis des kontemplativen Gebets kann ich aus eigener Erfahrung sagen, dass es möglich ist, sich auf dieses innere Gebet einzulassen, auch wenn die spürbare Verbindung und Beziehung zu Jesus Christus fehlt. Seine tragende Basis ist nämlich die Sehnsucht nach Gott und die Bereitschaft, sich von seiner menschlichen Realität berühren zu lassen. Sind diese Voraussetzungen gegeben, gilt die Ermutigung von Emmanuel Jungclaussen: „Fang einfach an. Um gehen zu lernen, muss man den ersten Schritt wagen; um schwimmen zu lernen, muss man sich ins Wasser stürzen. Genauso ist es bei der Anrufung des Namens."[50]

Die Bereitschaft, sich auf den Namen Jesu einzulassen, ist jedoch nicht gegeben, wenn Widerstände gegen den Namen bestehen. Dies war bei mir der Fall, als ich meinen ersten Exerzitienkurs bei Franz Jalics machte. Ich lehnte es ab, mit dem Namen Jesu zu meditieren, da für mich damals viel zu unklar war, wer Jesus eigentlich für mich war. Aus dem gleichen Grund wollte ich auch nicht mit dem Namen Maria meditieren. Gleichzeitig hatte ich eine tiefe Sehnsucht, mich Gott zuzuwenden. Franz Jalics sah mein Suchen nach einem Weg, der für mich stimmig war. Von ihm kam keinerlei Drängen. Er ließ mir die Zeit, bis sich in mir ganz langsam und allmählich der Zugang zu Jesus und zu Maria erschloss. „Diese unmittelbare Liebe zu Jesus ist nicht einfach von Anfang an da; sie muss wachsen und reifen … Aber man darf sich immer sagen, dass die Sehnsucht nach solcher Liebe schon ihr Anfang ist, dem Erfüllung verheißen ist“ (Karl Rahner).[51] Man darf sich diese Zeit des Wachsens und Reifens zugestehen und sich für Gott öffnen mit dem Wort, das stimmig ist und Ausdruck der eigenen Sehnsucht. Dieses Wort lässt man mit einer stillen Aufmerksamkeit immer und immer wieder, Atemzug für Atemzug in sich erklingen. Bei manchen ist es das Wort „Ja“, das Wort „Du“ oder das Wort „Vater“. Bei manchen ist es der Name „Maria“. Bei mir war es zunächst der Name meiner Mutter.

Der Name Jesu Christi ist kein Mittel zum Ziel … Wir begegnen Jesus Christus „in" seinem Namen und nicht „durch" seinen Namen.[52]

Es lässt uns aufleben, wenn uns jemand Aufmerksamkeit und Interesse entgegenbringt um unser selbst willen – einfach so. Wir wissen auch, wie es sich anfühlt, wenn sich jemand immer nur dann meldet, wenn er etwas braucht. Es ist ein durchaus wahrnehmbarer Unterschied. Zu Gott dürfen wir uns immer wenden, um von ihm etwas zu erbitten. Natürlich ist es wunderbar, wenn wir uns auch dann zu Gott wenden, wenn wir nichts von ihm brauchen, wenn wir dies um seiner selbst willen tun.

Zu dieser Zweckfreiheit lädt das kontemplative Gebet ein. In der Hinwendung zum Namen Jesu macht es einen Unterschied, ob man Jesus „in“ seinem Namen oder „durch“ seinen Namen begegnen will. Der Unterschied, der klein erscheint, hat große Auswirkungen auf die Meditation. Er liegt in der Motivation. Möchte man durch den Namen etwas erreichen oder lässt man sich auf Beziehung ein? Auf die Beziehung mit sich selbst, indem man bereit ist, sich wahrzunehmen, wie man im Augenblick ist, und auf die Beziehung mit Jesus, indem man mit einer stillen Aufmerksamkeit seinem Namen zugewandt ist. In dieser Hinwendung muss man nichts erreichen. Sie zeichnet sich durch eine Offenheit aus, in der man bereit ist aufzunehmen, was ist. Diese Offenheit geht verloren, wenn man durch den Namen etwas Bestimmtes erreichen will: eine tiefere Sammlung, eine innere Ruhe oder einen wachen Zustand. Dies verleitet dazu, den Namen gegen Gedanken oder gegen eine Müdigkeit einzusetzen, um sie zu beseitigen, was die Meditation entsprechend anstrengend macht. Der Name Jesu wird als Mittel benutzt, um ein bestimmtes Ziel zu erreichen. Wenn dies nicht gelingt, ist man enttäuscht, verliert das Interesse, und manchmal erhofft man sich die erwünschte Veränderung, indem man einen anderen Namen verwendet. Franz Jalics vergleicht dieses Verhalten mit jemandem, der zur Quelle will, jedoch nur viele Löcher bohrt und nicht in die Tiefe gelangt.

„Die Wiederholung seines Namens richtet uns auf seine Person, und sie ist schon das Ziel."[53] Die Meditation verändert sich und verändert uns, wenn Jesus Christus als Person im Zentrum steht und nicht das, was wir durch seinen Namen erreichen wollen. Wir richten dann unsere Aufmerksamkeit auf den Namen selbst. Diese unmittelbare Ausrichtung auf seinen Namen, den wir aufmerksam in uns wiederholen, öffnet uns für seine Gegenwart. Franz Jalics empfiehlt *„während der ersten zwanzig oder dreißig Jahre unbedingt beim Namen ‚Jesus Christus' zu bleiben"*[54]. Die Kraft, die in dieser treuen und schlichten Wiederholung liegt, beschrieb Kardinal Joseph Ratzinger in Bezug auf das

Rosenkranzgebet einst mit folgenden Worten: „... weil die großen Dinge durch Wiederholung nicht langweilig werden. Nur das Belanglose braucht die Abwechslung und muss schnell durch anderes ersetzt werden. Das Große wird größer, indem wir es wiederholen, und wir selbst werden reicher dabei und werden still und werden frei, indem wir in das Große eingehen."[55] Wir dürfen darauf vertrauen, dass die Wiederholung des Names Jesu, den wir in uns erklingen lassen, nicht ohne Segen und Kraft für uns bleiben wird.

Konzentriert euch nicht, sondern horcht und lauscht![56]

Die Ansicht ist weit verbreitet, dass es beim Meditieren um Konzentration geht. Man geht davon aus: Je besser man sich konzentrieren kann, desto besser wird die Meditation sein. In der Schule haben wir die Erfahrung gemacht, dass eine gute Konzentrationsfähigkeit wesentlich zu einem guten Prüfungsergebnis beiträgt. Die Meditation ist jedoch weder eine Schule, in der ich eine gute Note zu erzielen habe, noch eine Übung zur Steigerung des Konzentrationsvermögens. Sie ist ein Beziehungsgeschehen, bei dem ich die Aufmerksamkeit nach innen lenke und mich für die Beziehung zu Gott öffne. Für Teresa von Avila ist Meditation, verstanden als „inneres Beten[,] nichts anders als Verweilen bei einem Freund, mit dem wir oft allein zusammenkommen, einfach um bei ihm zu sein, weil wir sicher wissen, dass er uns liebt"[57]. Dieses Zusammensein hat nichts mit Konzentration zu tun. Es wäre nicht nur anstrengend, wenn man sich auf seinen Freund konzentrieren würde, sondern es wäre auch befremdlich für ihn. Er würde sich wahrscheinlich schon bald nicht mehr wohlfühlen. Nicht die Konzentration auf eine Person, sondern die Offenheit, die man ihr entgegenbringt, ermöglicht eine wirkliche Begegnung. Dies trifft auch für die Meditation zu, die ein Beziehungsgeschehen zwischen Mensch und Gott ist. In diesem Beziehungsgeschehen konzentriere ich mich deshalb auch nicht auf meinen Atem, die Hände oder den Namen Jesu. Ich öffne mich für die Beziehung zu Jesus, indem ich seinen Namen mit meinem Atem verbinde und darauf achte, wie der Name Jesu in meinen Handflächen ankommt. Ich spreche den Namen nicht laut aus. Meine Lippen bewegen sich nicht. Ich lausche vielmehr auf den Namen, den ich mit einer stillen Aufmerksamkeit in mir wiederhole. Diese hörende und zugleich zugewandte Haltung nennt Johannes vom Kreuz ein „liebevolles Aufmerken zu Gott hin". Im übertragenen Sinne stelle ich meine inneren Antennen auf Empfang. Ich bin bereit, aufzunehmen, was mir von der Gegenwart entgegenkommt. In dieser Offenheit, mit der ich mich zum Namen Jesu wende, bin ich bereit, mich verändern zu lassen.

Wenn wir einen Sonnenuntergang betrachten, nehmen wir zum Beispiel ganz natürlich diese offene, lauschende Haltung ein. Es fiele uns nicht ein zu sagen: Ich muss mich jetzt auf den Sonnenuntergang konzentrieren. Der Grund dafür ist einfach: Ich konzentriere mich nämlich tatsächlich nicht auf den Sonnenuntergang, sondern ich öffne all meine Sinne zur Sonne hin. Ich schaue, lausche und horche. Ich verweile schweigend, ohne inneren Druck bei diesem Naturschauspiel und nehme einfach nur auf, was geschieht. Die Wolken dürfen sein, dort wo sie sind, Vögel dürfen dabei zwitschern und die Sonne darf sich die Zeit nehmen, die sie braucht, um unterzugehen. Es kommt mir gar nicht in den Sinn, jetzt irgendetwas erreichen oder verändern zu wollen. Und doch geschieht etwas in mir. Dieses Naturschauspiel verändert mich. Ich werde ruhig. In mir breitet sich eine Stille aus, die mich erahnen lässt: Nicht konzentrieren und versuchen, irgendetwas abzuwehren, auszublenden oder zu erreichen, sondern *„anschauen und es so lassen, wie es ist. Das ist die eigentliche Kontemplation“*[58].

III. Die Gedanken und die Gefühle

Aus einer Gedankenwelt kannst du unmöglich durch einen Gedanken herausfinden.[59]

Tagein, tagaus schwirren unendlich viele Gedanken durch unseren Kopf. Die meiste Zeit nehmen wir diesen Gedankenstrom nicht einmal bewusst wahr. In der Meditation werden wir dieser Überfülle jedoch gewahr. Eine Frau erschrak darüber, als ihr bewusst wurde, dass sie in der Meditation so viele bedeutungslose Gedanken hatte, dass sie bereits zehn Minuten später nicht mehr sagen konnte, was sie jetzt eigentlich gedacht hatte. Man könnte meinen, es müsste doch eigentlich nicht so schwer sein, seiner Gedankenwelt zu entfliehen, indem man einfach „Stopp" sagt. „Jetzt ist aber Schluss! Jetzt denke ich nicht mehr!" Da dies jedoch nur weitere Gedanken sind, laufen sie ins Leere. Jeder, der versucht hat, seine Gedanken durch einen anderen Gedanken fortzujagen, erfährt die Aussichtslosigkeit dieses Unterfangens. Man gerät in einen Dauerkonflikt mit sich selbst, weil man gegen seine Gedanken kämpft, die trotzdem beständig kommen. Auf dem Computer gibt es die Taste „Entfernen". Man drückt sie, und der Text ist weg. Doch diese Taste haben wir Menschen nicht. Man kann es sich noch so oft vorsagen: „Höre jetzt auf zu denken!" Es ist vergeblich. Die Gedanken kommen wieder, so wie die Fliegen wiederkommen, die eine Kuh mit ihrem Schwanz zu vertreiben versucht.

Auf die Frage nach dem wichtigsten Gebot gibt Jesus unter anderem zur Antwort, dass man Gott auch mit all seinen Gedanken lieben soll (Mk 12,30). Dieses Gebot kann man unmöglich leben, wenn man beständig versucht, seine Gedanken zu bekämpfen. Der Ausdruck „mit all seinen Gedanken" schließt die guten, wichtigen, notwendigen und tiefsinnigen Gedanken ebenso mit ein wie die schlechten, unbedeutenden und völlig überflüssigen. Um dieses Gebot in seinem Leben tatsächlich in die Tat umzusetzen, ist es wichtig, darauf zu achten, welche Einstellung man den unerwünschten Gedanken gegenüber einnimmt. Betrachtet man sie als ein Problem, das man beseitigen muss, wird man in der Meditation damit beschäftigt bleiben, dieses unlösbare Problem irgendwie zu lösen. Dabei bleibt man beständig mit den Gedanken beschäftigt und man verliert die Ausrichtung auf Gott. Wenn ich jedoch meine Gedanken als einen Teil meiner menschlichen Realität betrachte, verändert dies meine Einstellung zu ihnen. Die Gedanken gehören zu mir. In ihnen kommt mein Leben zum Ausdruck. Ich kann sie deshalb nicht einfach von mir abtrennen. In der Meditation bleibe ich jedoch mit meinen Gedanken nicht beschäftigt. Sobald ich bemerke, dass ich in Gedanken bin, lenke ich meine Aufmerksamkeit wieder auf die Empfindung meiner Hände. Eine wohlwollende Einstellung meinen Gedanken gegenüber wird es mir ermöglichen, diese Hinwendung zur Gegenwart und zum Namen Jesu sanfter und entspannter zu vollziehen, da ich nicht mehr gegen sie ankämpfe. Ich lasse sie gewähren, doch meine Aufmerksamkeit lenke ich immer wieder neu zur Gegenwart zurück. Was ich nicht mehr bekämpfen oder beseitigen muss, brauche ich auch nicht mehr im Blick zu behalten. Die Gedanken treten in dieser Weise langsam in den Hintergrund und der

Name Jesu tritt mehr und mehr ins Zentrum meiner Aufmerksamkeit.

Die Tatsache, dass wir uns zerstreuen, ist nicht schlimm. Sobald wir es merken, kehren wir zurück, ohne darüber zu reflektieren, wie lange und warum wir zerstreut waren.[60]

Die Aussage, dass es nicht schlimm ist, wenn wir uns zerstreuen, zeugt von einer großen Gelassenheit gegenüber den Gedanken. Diese Gelassenheit gründet in einem großen Vertrauen, dass Gott in der Stille heilsam wirkt. Die Beseitigung der Zerstreuungen ist keine Voraussetzung dafür. Sie liegt nämlich nicht in unserer Macht. Sie sind eine allzu menschliche Begleiterscheinung, die uns nicht beunruhigen, ärgern oder deprimieren sollte. Und doch haben Zerstreuungen oftmals genau diese Wirkung: Sie frustrieren. Die Annahme ist nämlich weit verbreitet, dass sich eine gute Meditation durch möglichst wenige Gedanken auszeichnet.

Wenn es aber nicht schlimm ist, dass man zerstreut ist, könnte man berechtigterweise fragen: Warum sollte ich dann überhaupt immer und immer wieder zurückkehren zur Wahrnehmung meiner Hände, vor allem, wenn sowieso gleich wieder ein Gedanke da ist, der mich erneut wegführt? Die Antwort lautet: Weil sich der Mensch in dieser beständigen Hinwendung für Gottes heilende Gegenwart öffnet, auch dann, wenn er es unmittelbar nicht wahrnimmt.

Eine Frau beklagte sich darüber, dass bei ihr in der Meditation nicht viel passiere, außer dass sie beständig abschweife. Obwohl sie in der Meditation nichts anderes tat, als sich immer wieder von ihren Gedanken abzuwenden und zur Wahrnehmung ihrer Hände und zum Namen Jesu zurückzukehren, veränderte sich in ihr Grundlegendes. Ungeachtet ihrer Zerstreuungen blieb sie der Meditation treu. Die Kraft, die dies bewirkte, war für sie ein Zeichen für Gottes Wirken. Sie wusste, dass sie dies aus eigener Kraft nicht vermocht hätte. Sie kannte sich gut und wusste, dass sie Meditationen voller Zerstreuungen oftmals frühzeitig einfach beendet hätte. Doch da war eine Kraft, die sie hielt. Sie bemerkte, wie diese Kraft auch in ihren Alltag hineinwirkte. Sie nahm trotz der Pandemie, die für sie eigentlich bedrohlich war, eine innere Sicherheit wahr, dass Gott da ist. Sie bemerkte auch eine Veränderung in ihrer Trauer. Früher war sie nur traurig über den großen Verlust ihres Mannes. Jetzt spürte sie, und das war neu für sie, auch eine Dankbarkeit für die vielen guten, gemeinsamen Jahre. Ihre beharrliche Hinwendung zur Gegenwart hatte unmerklich ihren Blick geweitet und ihr Vertrauen auf Gott wachsen lassen.

Für unseren Weg zu Gott genügt es, immer und immer wieder neu mit unserer Aufmerksamkeit zur Wahrnehmung unserer Hände und zum Namen Jesu zurückzukehren, nachdem wir bemerkt haben, dass wir in Gedanken sind. Franz Jalics betonte mit einem Lächeln, dass es nicht notwendig sei, vorher zurückzukehren.

Hinter sich ständig wiederholenden Gedanken lauern immer Gefühle, deren wir uns noch nicht bewusst sind.[61]

In der Meditation müssen wir die Gedanken nicht vertreiben, da sie Teil unserer menschlichen Realität sind.

Sobald wir jedoch bemerken, dass wir in Gedanken sind, führen wir unsere Aufmerksamkeit wieder sanft zurück zum Hier und Jetzt, zur Wahrnehmung unserer Hände und zum Namen Jesu. Dieser Umgang ist möglich, wenn es sich um zusammenhanglose, sich aneinanderreihende, bedeutungslose Gedanken handelt. Indem wir unsere Aufmerksamkeit immer wieder neu an die Gegenwart binden, können diese unerwünschten Gedanken langsam mehr und mehr in den Hintergrund treten. Wenn die Gedanken jedoch um ein bestimmtes Thema kreisen, das uns sehr beschäftigt oder vielleicht sogar bedrängt, ist dies fast unmöglich. Kaum bemerken wir einen Gedanken und kehren zur Wahrnehmung zurück, drängt sich sofort der nächste Gedanke zum gleichen Thema auf. Da hinter den immer gleichen Gedanken Gefühle stehen, deren wir uns noch nicht bewusst sind, ist es hilfreich, diese unablässige Gedankenkette immer wieder zu unterbrechen. Man achtet dann kurz darauf, welche Empfindungen mit all den Gedanken einhergehen. Es wäre jedoch ein Missverständnis, jetzt zu glauben, ein Gefühl suchen zu müssen. Wie Franz Jalics sagt: „*Eigentlich gehen uns unsere Gefühle überhaupt nichts an.*"[62] Man muss auch nicht deprimiert sein, wenn man kein Gefühl wahrnimmt und keinen Namen finden kann für sein Empfinden. Es genügt, in kurzen, achtsamen Momenten bereit zu sein, seine Empfindungen wahrnehmen zu *wollen*. Dabei lässt man sich auf eine Gratwanderung ein, die darin besteht, einerseits nichts zu verdrängen und anderseits sich mit den Gefühlen nicht zu beschäftigen.

Eine Frau erzählte mir, dass sie ihre Meditation als sehr mühsam empfand. Beständig drehten sich ihre Gedanken um die Schwierigkeiten ihrer Kinder. Ich fragte sie, welche Empfindungen sie bei all diesen Gedanken hatte. Sie war über diese Frage überrascht, da sie nicht darauf geachtet hatte. Als sich ihre Gedanken in der nächsten Meditation wieder um ihre Kinder zu kreisen begannen, horchte sie immer wieder für kurze Augenblicke in sich hinein, um zu spüren, mit welchen Gefühlen diese immer gleichen Gedanken einhergingen. Sie nahm eine Anspannung in sich wahr, eine Unruhe und Besorgnis. Es waren unangenehme Empfindungen, die sie jedoch bereit war anzuschauen. *„Das Anschauen der Gefühle sollte nicht lang dauern.“*[63] Sie fing jetzt also nicht an, sich mit diesen Empfindungen zu beschäftigen, sondern lenkte ihre Aufmerksamkeit, so wie es ihr möglich war, mit den wahrgenommenen Empfindungen zu ihren Händen und zum Namen Jesu. Ihre Gedanken beruhigten sich etwas, so dass es auch in ihr selbst etwas ruhiger wurde. Sie erkannte, dass ihre zuvor nicht wahrgenommenen Empfindungen die Quelle all ihrer ständig wiederkehrenden Gedanken waren.

„Wie kriege ich meine Gefühle weg?" – Antwort: „Indem du sie zuerst zulässt."[64]

Der Fragesteller bekommt auf seine einfache Frage eine einfache Antwort, die trotzdem überrascht. Er soll etwas zulassen, was er eigentlich wegkriegen möchte. Von der materiellen Ebene aus betrachtet erscheint dies widersinnig. Wer wissen will, wie man einen Fleck wegbekommt, will erfahren, was genau er machen kann, damit der Fleck wieder verschwindet. In der Meditation muss jedoch nichts verschwinden. Man muss es nicht schaffen, ein unangenehmes Gefühl „wegzukriegen“. Hier geht es darum, mich Gottes Wirken zu überlassen und mir selbst dabei näherzukommen, indem ich mich zu Gott wende, wie ich bin, mit den Gefühlen, die ich im Augenblick habe.

Die Voraussetzung dafür ist es, auch jene Gefühle zuzulassen, die man eigentlich gar nicht haben will, weil sie unangenehm oder schmerzhaft sind. Als ich zu meditieren anfing, bin ich in einer großen Selbstverständlichkeit davon ausgegangen, dass bestimmte Gefühle während der Meditation nur stören würden und es vor allem darum ginge, es zu schaffen, in eine innere Ruhe zu kommen. Mit dieser Einstellung habe ich meine Unruhe als Störung der Meditation bewertet. Unabhängig davon fühlte ich mich mit der Unruhe auch nicht wohl und hätte sie am liebsten einfach „weggeatmet". Es ist natürlich zutiefst menschlich, unangenehme und schmerzhafte Gefühle nicht spüren zu wollen, doch in dieser Abwehrhaltung geht man an seiner Wirklichkeit vorbei. Es hat mich damals etwas beruhigt, dass Franz Jalics den Gefühlen keine große Bedeutung beigemessen hat. *„Nicht Gefühle sind entscheidend, sondern Gott ist wichtig."*[65] Es entlastete mich auch, dass ich meine Unruhe nicht bewerten musste. Gerade dazu ermutigte er: *„Lass deine Gefühle kommen, ohne sie als gut oder schlecht zu bewerten. Lass da sein, was da ist."*[66]

Dieser Umgang war neu für mich. Normalerweise ließ ich meine Unruhe nämlich nicht einfach da sein, sondern versuchte mich von ihr abzulenken. Ich fing dann an, mich mit irgendetwas zu beschäftigen. Es war herausfordernd, meine Unruhe wahrzunehmen, sie gewähren zu lassen und nichts gegen sie zu unternehmen. Ich war überrascht, dass ich trotz der zugelassenen Unruhe einen Halt in mir spürte und sogar so etwas wie eine Erleichterung. Es wurde mir bewusst, dass ich mir mit meiner

Vorstellung über eine sogenannte gute Meditation selbst ein Korsett geschnürt hatte, in dem kein Platz für meine Unruhe war. Als ich meine Unruhe zulassen konnte, lockerte sich mein eng geschnürtes Korsett und ich konnte wieder tiefer durchatmen.

Das Zulassen der Gefühle ist kein einmaliges Geschehen. Denn *„in der Stille des kontemplativen Gebetes kommen immer wieder noch nicht verarbeitete, noch aktiv wirkende negative Gefühle hoch“*[67]. Der Verstand findet aber oft viele Gründe, warum man bestimmte Gefühle gar nicht haben sollte und warum sie unbegründet sind. Ich denke an eine Frau, die einen Neid gegenüber ihrer Freundin spürte. Sie sagte jedoch sogleich, dass dies völliger Unsinn sei. Der Neid passte nämlich so gar nicht in ihr Selbstbild. Diese sofortige Abwehr hatte zur Folge, dass sie das Neidgefühl tatsächlich nicht mehr bewusst spürte. Es war damit natürlich nicht verschwunden, sondern es suchte sich ein Ventil durch andere negative Gefühle. Sie fing an, sich unfrei und befangen ihrer Freundin gegenüber zu fühlen, und vernachlässigte den Kontakt zu ihr. Sie erlebte jetzt zwar die Situationen, in denen sie sich mit ihrer Freundin verglich, kaum mehr unmittelbar, jedoch weiterhin in ihren Gedanken. Sie ärgerte sich darüber, dass sie diese Gedanken nicht abstellen konnte. Sie wollte mit niemandem darüber sprechen, weil es sie beschämte. „Was wir zulassen, kann uns verlassen.“ Dieser Satz weckte die Sehnsucht nach Veränderung in ihr. Sie sehnte sich sehr danach, dass diese ständigen Gedanken sie endlich wieder verlassen würden. Da die Voraussetzung das Zulassen war, bedeutete dies für sie, innezuhalten und in den Blick zu nehmen, wie sie tatsächlich ist und empfindet, und nicht, wie sie sich denkt und/oder wünscht zu sein. Sie konnte sich schließlich eingestehen, dass sie in bestimmten Situationen auf ihre Freundin neidisch war. *„Einem Gefühl die Lebensberechtigung zuzugestehen, ist das ausdrückliche Zeichen, dass es zugelassen und möglichst in Liebe oder zumindest in Ergebenheit aufgenommen ist.“*[68]

Das Zulassen unserer Gefühle, die wir eigentlich loshaben würden, ist ein entscheidender Schritt, durch den wir „immer versehrter und immer heiler stets von neuem zu uns selbst entlassen werden“ (Hilde Domin). Immer versehrter, weil wir dabei immer tiefer in Berührung mit jenen Anteilen kommen, die in uns noch der Heilung bedürfen. Dies ist ein Prozess der Ernüchterung, der uns von Idealvorstellungen befreit. Damit wir auch „immer heiler zu uns selbst entlassen werden“ und somit zu einer immer größeren inneren Freiheit, darf der zweite Schritt nicht fehlen. Wir wenden uns *mit* dem ungewollten Gefühl zur Gegenwart und zum Namen Jesu und damit zu der Kraft, die dieses Gefühl in der Tiefe zu wandeln vermag.

Das Zulassen unangenehmer und schmerzhafter Gefühle ist jedoch nicht jederzeit möglich. Es braucht Zeit, bis man Gefühle zulassen kann, die eigentlich nicht in das eigene Selbstbild passen. Ebenso benötigt die Seele Zeit, sich von verletzenden Geschehnissen zu distanzieren, um nicht von intensiven Gefühlen der Wut, der Trauer oder der Angst überschwemmt zu werden. Durch Gespräche mit vertrauten Personen oder mit therapeutischer Hilfe wird es langsam möglich werden, diese Gefühle behutsam an sich heranzulassen. Zulassen bedeutet in dieser Phase, sich in der Meditation einzugestehen, dass man im Augenblick die schlimmen Geschehnisse und die damit verbundenen Gefühle noch verdrängt. *„Wichtig ist, nichts beurteilen und nichts verändern zu wollen, sondern alles* *so auf[zu]nehmen, wie es sich offenbart… Alles, was da ist, darf da sein.*"[69] Anders ausgedrückt: „Don't push the river. It flows by itself" (Barry Stevens). Ich denke an eine Frau, die so erleichtert war, als sie hörte, dass sie auf ihrem geistlichen Weg nicht versagt hatte, weil sie verletzte Gefühle noch nicht zulassen konnte, und dass sie dies nicht als ein Scheitern bewerten müsse. Das Eingeständnis, dass es im Moment noch so ist, verbindet uns mit unserer augenblicklichen menschlichen Realität, und das genügt. Ausgangspunkt für Gottes heilende Gegenwart ist stets unsere augenblickliche innere Realität. Auf dem kontemplativen Weg müssen wir in uns nichts beschleunigen. Wir dürfen uns die Zeit zugestehen, bis Gott selbst den Boden bereitet, auf dem wir ein schmerzhaftes, unangenehmes oder beschämendes Gefühl zulassen können.

Akzeptieren (von Gefühlen) ist aber kein Willensakt. Es geschieht nicht, indem ich mir suggeriere: „Ich akzeptiere sie." – „Sondern?" – „Indem ich sie tolerant und ergeben anschaue."[70]

Im täglichen Leben erfahren wir, dass wir mit Willenskraft viel erreichen können. In der Meditation kann unser Wille jedoch zum Stolperstein werden. Dies ist zum Beispiel dann der Fall, wenn man versucht, sich über seinen Willen dazu zu bringen, ein unangenehmes Gefühl zu akzeptieren. Man nimmt das Gefühl dann zwar wahr, fühlt es aber nicht wirklich. Man sagt sich sogleich, dass man es akzeptiert, und glaubt dann, dass dem so sei. Diese mit dem Willen „gemachte" Akzeptanz wird manchmal sogar als spiritueller Gleichmut bewertet. Man meint, bereits in der Lage zu sein, die Realität so anzunehmen, wie sie ist, und wird darin bestärkt, weil dies tatsächlich für eine gewisse Zeit funktioniert. Da die unerwünschten Gefühle in subtiler Weise unterdrückt worden sind, bedrängen sie einen tatsächlich nicht mehr. Sie sind jedoch nach wie vor vorhanden, da man sie weder mit dem Willen noch mit dem Verstand „wegakzeptieren" kann. Bei passender Gelegenheit zeigen sie sich wieder mit unverminderter Intensität. Dies ist anstrengend und auch frustrierend, da man sehr wohl wahrnehmen kann, dass auf lange Sicht keine bleibend positive Veränderung geschieht. Voraussetzung für die ersehnte Wandlung ist es, seine Gefühle so, wie sie sind, tatsächlich auch zu fühlen. *„Wir müssen aber in uns mit einem sehr großen Widerstand gegen das Leiden rechnen. Dieser Widerstand bewirkt, dass wir die Gefühle unbewusst zurückhalten, damit sie uns kein Leid verursachen."*[71]

Während einer Exerzitienwoche erwähnte eine Teilnehmerin, dass sie in der Austauschrunde vieles nicht verstehe, weil manche Teilnehmer so leise sprächen. Meinen Vorschlag, die Teilnehmenden zu bitten, etwas lauter zu sprechen, lehnte sie sogleich ab. Sie meinte, es sei zwar traurig, dass sie nicht mehr so gut höre, aber es wäre für sie kein Problem. Sie könne es akzeptieren, dass ihr Gehör jetzt etwas nachließe, und sie müsse außerdem nicht immer alles verstehen. In den darauffolgenden Tagen wirkte sie etwas betrübt. Sie betonte jedoch, dass es ihr gut ginge. Bei einem Spaziergang fiel ihr eine kleine Mohnblume auf, die getrennt von den anderen Blumen alleine am Wegrand blühte. Dies berührte sie sehr, da auch sie sich allein und getrennt von den anderen erlebte. Sie konnte sich nun eingestehen, dass es ihr doch etwas ausmachte, dass sie in der Gruppe nicht mehr alles hörte. Es wurde ihr bewusst, dass sie weder die Situation in der Gruppe noch ihre Schwerhörigkeit akzeptiert hatte. Etwas akzeptiert zu haben würde ja bedeuten, dass es so bleiben darf, wie es ist. Bei diesem Gedanken spürte sie sogleich eine innere Auflehnung. Diese Auflehnung hielt ihr den Spiegel vor, dass sie viel zu schnell mit ihrem Willen versucht hatte, zu akzeptieren, was sie aber eigentlich im Innersten ablehnte. In ihrer vorschnellen Akzeptanz war sie über ihre Traurigkeit hinweggegangen. Sie konnte sich jedoch im Gegensatz zur Blume bewegen. Sie musste ihre Schwerhörigkeit nicht einfach nur hinnehmen und durfte sich erlauben, darüber traurig zu sein. Jetzt ließ sie die Tränen gewähren. Sie nahm aber sehr wohl wahr, dass die kleine Mohnblume in einem leuchtenden Rot wunderschön blühte. Auch sie wollte den Kopf nicht hängen lassen, sondern einen konstruktiven Umgang mit ihrer Schwerhörigkeit suchen. Im Weitergehen fasste sie den Entschluss, die Teilnehmenden zu bitten, etwas lauter zu sprechen, und sich nach dem Kurs ein Hörgerät zu besorgen.

Sich ein Gefühl zuzugestehen ist die Voraussetzung dafür, „tolerant und ergeben" auf es zu schauen. In einer toleranten Haltung erlaube ich mir, ein unangenehmes und schmerzhaftes Gefühl haben und fühlen zu dürfen. Ich höre auf, gegen es zu kämpfen und damit auch gegen mich selbst. Ich „ergebe" mich in dem Sinne, dass ich anerkenne, dass ich mich von meinen unerwünschten Gefühlen nicht selbst erlösen kann, auch nicht mit größter Willensanstrengung. Meine Bereitschaft hingegen, sie tatsächlich zu fühlen, ebnet den Weg zu ihrer Akzeptanz. Dazu spreche ich diesem Gefühl, so wie es mir möglich ist, ein kleines „Okay" zu. Ich gebe damit für diesen Augenblick mein Einverständnis, dass ich es zu spüren bekomme. Ich willige immer wieder ein, so zu empfinden, wie ich im Augenblick tatsächlich empfinde. Der entscheidende Schritt zur ersehnten Wandlung besteht darin, dass ich mich *gleichzeitig* zur Gegenwart und zum Namen Jesu wende. Die Nachfolge Jesu in der Meditation setzt sich aus unzähligen vielen solcher Augenblicke zusammen, die mich unmerklich zu einer tieferen Selbstannahme führen.

Die Strahlen der göttlichen Gnade lösen deine Schuldgefühle auf, wenn du sie nicht verdrängst und weiter auf das Wesentliche, auf die Mitte, auf die Gegenwart ausgerichtet bleibst.[72]

Niemand will Schuldgefühle haben, denn sie lasten schwer. Sie drücken so schwer auf das Gemüt, dass sie die Lebensfreude nehmen, am Selbstwert nagen und Selbstliebe verhindern. Wir gehen oft davon aus, dass der Schuldige diese schwere Last zu tragen habe. Doch Schuldgefühle folgen dieser Logik nicht. Es gibt Täter, die schwere Schuld auf sich geladen haben, sich jedoch nicht schuldig fühlen, und es gibt Opfer, die unter starken Schuldgefühlen leiden. Die Überlebenden des Holocausts hatten nach ihrer Befreiung mit Schuldgefühlen zu kämpfen, weil sie zu den Menschen, mit denen sie innig verbunden waren, nicht einmal mehr Lebewohl sagen konnten und sie im Gegensatz zu ihnen überlebt hatten. Man kann also unter sogenannten irrationalen Schuldgefühlen leiden, was bedeutet, dass man sich schuldig fühlt, ohne tatsächlich Schuld zu haben.

Eine Frau erzählte mir, dass sie bereits als Kind Schuldgefühle entwickelte, weil es ihrer Mutter oft nicht gut ging. Sie meinte, dass dies an ihr liegen müsse, sonst wäre die Mutter anders. In ihr wuchs die Überzeugung, dass sie für das Wohlergehen ihrer Mutter verantwortlich und zuständig sei. Diese Überzeugung basiert auf kindlichen Allmachtsphantasien. Man glaubt, es in der Hand zu haben, die Mutter glücklich zu machen. Damit war sie natürlich überfordert. Ein beständiger innerer Druck war die Folge, an den sie sich als Erwachsene so sehr gewöhnt hatte, dass sie ihn kaum mehr wahrnahm. Spürbar blieb für sie das Gefühl, nicht zu genügen. Um ihren Schuldgefühlen zu entgehen, schlug sie ihrer Mutter kaum einen Wunsch ab, weil sie sich ansonsten sogleich wieder schuldig gefühlt hätte. Sie besuchte ihre Mutter als Erwachsene auch dann, wenn sie dadurch in zeitliche Bedrängnis kam, und auch dann, wenn sie eigentlich für sich selbst Ruhe gebraucht hätte. Ihre Schuldgefühle verhinderten es, dass sie ihre eigenen Bedürfnisse ernst nahm. Die Sehnsucht, sich aus dieser Zwangsjacke zu befreien, flackerte immer wieder einmal kurz auf und zeigte ihr, wie verstrickt und unfrei sie war. Sie wusste jedoch keinen Ausweg. Bereits der Gedanke, ihre Mutter zukünftig nicht mehr so oft zu besuchen, erzeugte in ihr Schuldgefühle.

In der Meditation meldeten sich die Schuldgefühle, wenn sie zerstreut war. Sie hatte dann stets den Eindruck, dass sie sich nur hätte besser anstrengen müssen, dann wäre die Meditation besser verlaufen. Nun übte sie jedoch einen anderen Umgang mit den Schuldgefühlen ein. Er bestand darin, ihre Schuldgefühle weder abzuwehren noch sich von ihnen bestimmen zu lassen, sondern sie für einen Moment nur wahrzunehmen und sich dann entschlossen zur Gegenwart zu wenden. Unvermittelt stiegen dabei diffuse Ängste in ihr auf. Um von ihnen nicht mitgenommen zu werden, hielt sie sich am Namen Jesu fest wie an einem Geländer. Atemzug für Atemzug blieb sie ihren Händen und dem Namen Jesu zugewandt und bleib in dieser Weise mit der Gegenwart verbunden. Obwohl sie den Eindruck hatte, als zittere sie innerlich, fühlte sie sich gleichzeitig vom Namen Jesu aufgenommen und geborgen. Die Tränen kamen ihr nun nicht mehr nur wegen ihrer Schuldgefühle und diffusen Ängste, sondern auch, weil sie tief berührt war von einem starken Gefühl des Angenommenseins.

Dieses tiefe Erleben löste ein Mitgefühl aus für das Kind, das sie einst war und das noch heute in ihr lebte. Sie spürte zu diesem einsamen Kind eine tiefe innere Verbundenheit und sie fasste den Entschluss, zukünftig besser für es zu sorgen. Als Kind hatte sie große Antennen für das Befinden ihrer Mutter entwickelt und dabei zu wenig auf ihre eigenen Bedürfnisse geachtet. Sie erkannte, dass es höchste Zeit war, ihre großen Antennen auch auf sich selbst zu richten und zu lernen, nicht nur die Gefühle und Bedürfnisse der anderen wahrzunehmen, sondern auch ihre eigenen. Sie machte es sich zur Aufgabe, nicht nur während der Meditation die Aufmerksamkeit nach innen zu lenken, sondern auch im Alltag ganz bewusst auf sich selbst zu achten. Sie übte ein, ihre eigenen Grenzen zu erspüren und sie ernst zu nehmen. Dies fiel ihr nicht leicht, denn es bedeutete für sie immer wieder neu, einen inneren Konflikt zuzulassen, um in der jeweiligen Situation je neu zu entscheiden, was für sie stimmig und richtig war. Diesen inneren Konflikt hatte sie sich bisher erspart, wenn sie gewohnheitsmäßig sofort auf die Belange ihrer Mutter einging. Jetzt versuchte sie, sich diesem inneren Konflikt zu stellen, um nicht automatisch zu sich selbst nein zu sagen, wenn sie zu ihrer Mutter ja sagte.

Ob echt oder irrational, ob bewusst oder unbewusst, Schuldgefühle belasten, machen den Menschen unfrei und trennen ihn von seiner Lebendigkeit. Trennung wiederum ist ein Kennzeichen der Sünde. Franz Jalics definiert Sünde folgendermaßen: *„Sünde ist aber nicht nur, was frei begangen ist, sondern, viel tiefer verstanden, alles, was uns von Gott und von den Menschen trennt.“*[73] Dazu zählte Franz Jalics alle negativen Gefühle, da der Mensch durch sie stets auf sich selbst zurückgeworfen wird und sie ihn von seinem göttlichen Wesenskern trennen. Als ich dies zum ersten Mal hörte, verstand ich seine Worte, aber ich verstand nicht, warum Schuldgefühle, die ja ein negatives Gefühl sind, Sünde sein sollten. Ich litt damals unter Schuldgefühlen und erkannte meine Schuld an. Sollte ich dies etwa nicht tun? Ich war verwirrt und rebellierte innerlich. Erst Wochen später ging mir plötzlich auf, dass ich beständig um das kreiste, was ich verkehrt gemacht hatte. Die Person, um die es ging, war in meinem Bewusstsein eher an der Peripherie. Auch Gottes Barmherzigkeit war für mich sehr weit weg. Sie kam mir nicht einmal in den Sinn. Im Zentrum stand meine so groß empfundene Schuld, um die ich kreiste.

Ich habe viele Jahre immer wieder aufs Neue darüber gestaunt, warum in der Osternachtsliturgie die Schuld glücklich geheißen wird. Wörtlich heißt es im Exsultet, das in der noch dunklen Kirche gesungen wird: „Oh glückliche Schuld, welch großen Erlöser hast du gefunden.“ Ich erkannte schließlich, dass die Schuld jenes Gefühl ist, das dazu drängt, den Erlöser zu suchen, da sich der Mensch eine groß empfundene Schuld nicht selbst nehmen kann. Auch wenn man sich hundert Mal sagt: „Du brauchst dich nicht (mehr) schuldig zu fühlen“, „du kannst doch nichts dafür", „dies ist nicht deine Schuld", lösen sich deshalb die Schuldgefühle nicht auf.

Die Schuld wird vor allem deshalb glücklich gepriesen, weil sie in Jesus Christus ihren Erlöser gefunden hat. Er ist größer als jegliche Schuld, die ein Mensch bewusst oder unbewusst auf sich geladen hat. Wenn wir uns in der Meditation mit unseren Schuldgefühlen zum Namen Jesu wenden, führen wir sie zu unserem Erlöser. Hier braucht die Schuld nicht länger unterdrückt, weitergeschoben oder bekämpft werden, denn er nimmt sie auf und wandelt sie.

Wir bestimmen nicht, was wir empfinden.[74]

Wie wir nicht bestimmen können, wann die Sonne aufgeht, können wir auch nicht bestimmen, wann Gott die Sonne in uns aufgehen lässt. Da wir aber gewohnt sind, Dinge, die uns betreffen, in unserem Sinne zu beeinflussen und mitzubestimmen, müssen wir damit rechnen, dass wir dies auch in der Meditation versuchen. Franz Jalics bemerkte dazu humorvoll, dass in der Meditation aber Gott am Steuer sitzt und nicht wir. Wir stimmen dem zwar zu, aber nehmen oftmals nicht den Beifahrersitz ein, sondern setzen uns auf den „Schwiegermutter-Sitz", wie man in der Umgangssprache in Ungarn den Beifahrersitz nennt. Es ist jener Sitz, von dem aus der Beifahrer versucht, auf den Fahrer einzuwirken, um ihm zu sagen, wie er fahren soll und wohin.

Welche Herausforderung darin liegt, in der Meditation tatsächlich den Beifahrersitz einzunehmen, erfuhr eine Frau, die zu Beginn eines Exerzitienkurses ihre Freude über die nun vor ihr liegenden stillen Tage zum Ausdruck brachte. Sie erwähnte einen Konflikt mit ihrer Kollegin und betonte jedoch sogleich, dass sie sich jetzt keine weiteren Gedanken mehr darüber machen möchte. Sie wolle jetzt endlich zur Ruhe kommen. Noch bevor die Meditation begann, gab sie bereits klar zu verstehen, wohin die Fahrt gehen sollte. Während der Meditation versuchte sie vom „Schwiegermutter-Sitz" aus weiter mitzubestimmen, welche Gedanken sein durften und welche nicht. Dies verstärkte ihren inneren Konflikt. Am zweiten Tag erkannte sie schließlich, dass sie erst dann zur Ruhe finden würde, wenn sie aufhörte, bestimmen zu wollen, was sie in der Meditation erfahren sollte. Es fiel ihr nicht leicht, doch sie willigte innerlich ein, zuzulassen, was sich in ihr zeigte: die Sehnsucht nach Ruhe, aber auch der Widerstand gegenüber ihren Gedanken; die Ablehnung, sich jetzt mit einem Konflikt beschäftigen zu müssen, und auch der Ärger über ihre Kollegin. In diesem Kontakt mit sich selbst und der gleichzeitigen Hinwendung zum Namen Jesu spürte sie eine gewisse Befreiung, obwohl ihre innere Fahrt jetzt teilweise turbulent und etwas holprig wurde. Sie kam dabei aber nicht nur sich selbst näher, sondern auch dem inneren Frieden, nach dem sie sich sehnte.

Religiöse Gefühle sind aber ihrer Natur nach wechselhaft. Sie kommen und gehen. Sie sind religiös, aber eben nur Gefühle. Die Kontemplation will uns auf die Ebene des Seins führen.[75]

Franz Jalics spricht hier einen empfindlichen Bereich an: den der religiösen Gefühle. Sie erheben unsere Seele, berühren unsere tiefste Sehnsucht, sind Ausdruck unserer

Leidenschaft für Gott oder auch für unsere Reue, wenn wir uns falsch verhalten haben. Die Verletzung religiöser Gefühle löst mitunter heftigste Empörung aus, und für manche sind sie unantastbar und heilig. Gefühle sind jedoch nicht heilig. Selbst die tiefstempfundenen religiösen Gefühle bleiben, was sie sind: unbeständig, wechselhaft und nicht von Dauer. Petrus legt ein ernüchterndes Zeugnis dafür ab. Als Jesus ihm voraussagt, dass er ihn verleugnen werde, ist Petrus aufgebracht. „Und wenn ich mit dir sterben müsste – ich werde dich nie verleugnen" (Mt 26,35). Mit diesen Worten kommt seine tief empfundene Verbundenheit zu Jesus zum Ausdruck. Bei der Gefangennahme Jesu ist Petrus so empört, dass er vor Gewalt nicht zurückschreckt und dem Diener des Hohenpriesters ein Ohr abhaut (Joh 18,10). Doch bereits kurze Zeit später erlischt seine glühende Leidenschaft für Jesus. Er tut, was er nie von sich geglaubt hätte: Er verleugnet Jesus drei Mal und weint danach bitterlich über sich selbst (Lk 22,62).

Petrus machte die Erfahrung, dass seine hingebungsvollen Gefühle in seiner Seele noch kein Dauerzustand waren und er sich nicht auf sie verlassen konnte. Verlass erfuhr er jedoch in der Zuwendung Jesu. Nach seinem Verrat stellte Jesus Petrus nicht an den Pranger. Für Jesus war es wichtig zu hören, dass Petrus ihn immer noch liebt. Er stellt Petrus dreimal die Frage: „Simon, Sohn des Johannes, liebst du mich (Joh 21,15–17)? Petrus bejaht diese Frage dreimal. Dies war nicht selbstverständlich, denn seine Enttäuschung über sich war groß. Manchmal schämt sich der Mensch so sehr über sein Fehlverhalten, dass er sich auf sich selbst zurückzieht und sein Herz verschließt. Doch Petrus blieb Jesus zugewandt und empfänglich für die Liebe Jesu. Seine Offenheit und Aufnahmebereitschaft befähigten ihn schließlich dazu, tatsächlich der Petrus zu werden, der er trotz seiner leidenschaftlichen Gefühle für Jesus aus eigener Kraft nicht werden konnte.

Petrus erfährt, dass die Liebe Jesu nicht ein Auf und Ab von Gefühlen ist. Seine Liebe ist „langmütig, sie ist gütig. Sie ereifert sich nicht, sie prahlt nicht, sie bläht sich nicht auf … Sie lässt sich nicht zum Zorn reizen, trägt das Böse nicht nach … Sie erträgt alles, glaubt alles, hofft alles, hält allem stand. Die Liebe hört niemals auf" (1 Kor 13,4–8). Jesu Leben, sein Sterben und seine Auferstehung verkörpern diese Liebe. Er *ist* Liebe. Gott *ist* die Liebe (1 Joh 4,16b). Je mehr auch der Mensch in dieser Liebe *ist*, desto weniger wird er von den unterschiedlichsten Gefühlen hin- und hergeworfen und desto tiefer wird er in einem großen inneren Frieden gehalten sein. In dieser tiefen Liebe zu Gott seinem Vater konnte Jesus selbst in der größten Bedrängnis beten: „Nicht was ich will, sondern was du willst (soll geschehen)" (Mk 14,36).

In der stillen Hinwendung zum Namen Jesu wird die Liebe, die man dabei erfährt, oft als ein innerer Friede beschrieben, der den Menschen durchströmt. Es ist ein innerer Zustand, bei dem der Mensch ganz bei sich und gleichzeitig ganz offen für die Gegenwart Gottes ist. Bis dieser Seinszustand der Liebe den Menschen dauerhaft durchdringt, erleben wir wie Petrus die unterschiedlichsten religiösen Gefühle. Sie können uns erfreuen und beflügeln. Sie können jedoch wie bei Petrus zur Selbsttäuschung führen. In dem Moment, in dem wir sie unmittelbar spüren, können sie sich anfühlen, als seien sie die einzige Wirklichkeit, und trotzdem haben sie keinen Bestand. Sie kommen und gehen. Gott dagegen kann in uns nicht verlorengehen, weder durch ein verletztes noch durch ein erhabenes religiöses Gefühl, das sich wieder verflüchtigt hat. Religiöse Gefühle sind weder ein Maßstab für eine tiefe innere Verbundenheit zu Gott noch ein Beweis dafür. Wenn es einen Beweis gibt, dann ist er im konkreten Verhalten des Menschen zu finden. Jesus sagt nicht: An ihren Gefühlen werdet ihr sie erkennen, sondern „an ihren Früchten werdet ihr sie erkennen“ (Mt 7,16). Diese Früchte sind im Galaterbrief genannt: Liebe, Freude, Friede, Langmut, Freundlichkeit, Güte, Treue, Sanftmut und Selbstbeherrschung (Gal 5,22–23). In der Art und Weise, wie jemand mit sich selbst, mit seinen Mitmenschen und mit der Schöpfung umgeht, kann man sie erkennen.

IV. Der Schmerz und das Leid

Einer der größten Feinde der Kontemplation ist die innere Härte. Sie ist wie ein verborgenes Virus, das man nicht leicht entdeckt, das aber die Meditation blockiert.[76]

Spätestens seit der Coronakrise wissen wir, wie gefährlich ein Virus sein kann. Das verborgene Virus, das uns in der Meditation gefährlich werden kann, scheint erst einmal etwas Gutes zu wollen, nämlich Unangenehmes und Schmerzhaftes abzuwehren. Dies hat allerdings eine weitreichende Nebenwirkung: Es bildet sich eine seelische Hornhaut, die das Herz hart macht und das Gemüt abstumpft. Über die Herzenshärte schrieb Bernhard von Clairvaux Folgendes: „Zunächst erscheint eine Sache dir unerträglich, mit der Zeit gewöhnst du dich dran, sie scheint dir weniger schlimm, über kurzem kommt sie dir leicht vor, bald fühlst du sie überhaupt nicht mehr … So verhärtet sich das Herz." Die schleichend dicker werdende Hornhaut wehrt jedoch nicht nur den Schmerz, sondern auch die Freude ab. Das Leben wird farbloser, oberflächlicher und einsamer. Dieses „Ich-will-mein-Kreuz-nicht-tragen-Virus" lässt den Schmerz also nicht einfach verschwinden, sondern es schafft neues Leid.

Jesus hat einen konkreten Weg gezeigt, wie unser Leid in der Tiefe Wandlung erfahren kann, so dass wir das Leben in Fülle haben (Joh 10,10). Das Kreuz ist deshalb nicht nur ein Symbol des Leids, sondern auch ein Hoffnungszeichen. Es erinnert uns daran, dass der Tod nicht die letzte Antwort auf das Leben ist, dass wir im Schmerz und im

Leid nicht allein sind und Gott sich mit den Leidenden solidarisiert. Die Glaubwürdigkeit jeder Religion spiegelt sich in der Art und Weise, wie mit Leid und Schmerz umgegangen wird. Ziel jeder wahren Religion ist es, einen Weg aufzuzeigen, wie Menschen trotz des Leids, das sie in ihrem Leben erfahren, mit Gott verbunden bleiben und zum inneren Frieden finden können. Der Weg Jesu ist einfach und klar: „Wer mein Jünger sein will, der verleugne sich selbst, nehme sein Kreuz auf sich und folge mir nach" (Mk 8,34). Das „Ich-will-mein-Kreuz-nicht-tragen-Virus" sabotiert diese Bedingung und verhindert Heilung.

Es gibt allerdings eine gute Nachricht: Ich muss dieses Virus nicht bekämpfen. In der Meditation muss ich nichts bekämpfen. Das Virus erinnert mich jedoch daran, dass ich nicht selbstverständlich davon ausgehen kann, dass ich gegen es immun bin, auch dann nicht, wenn ich bereits seit vielen Jahren meditiere. Die Erinnerung an diese Tatsache bewahrt mich vor einer gewissen Blauäugigkeit und lässt mich erkennen, wie notwendig es ist, die Bereitschaft, mein Kreuz zu tragen, immer wieder bewusst zu erneuern. Franz Jalics vergleicht unsere Leidensbereitschaft mit einer Klapptür, die wir mit Schwung öffnen, um in den nächsten Raum zu gelangen, die sich jedoch sogleich wieder schließt, sobald wir durchgegangen sind. Dies heißt, wir beginnen die Meditation mit der großen Bereitschaft, alles da sein zu lassen, was sich in uns zeigt. Sobald wir aber etwas Unangenehmes oder Schmerzhaftes spüren, ist die Bereitschaft bereits wieder vergessen. Wir spannen uns dann zumeist unbewusst an, um es abzuwehren. Diese Abwehr wirkt sich unmittelbar körperlich aus: Der Atem wird kürzer und schneller, die Schultern ziehen sich nach oben, der Bauch zieht sich zusammen, die Oberschenkel spannen sich an, der Hals wird starr und die Hände sind nicht mehr locker ineinandergelegt, sondern fest zusammengedrückt.

Ich mache ernst mit der Nachfolge Jesu, wenn ich mich auch von Schmerzhaftem und Unangenehmem berühren lasse, das sich in der Stille in mir zeigt. Ich öffne sozusagen wieder die Klapptür. Dies ist im übertragenen Sinne die einzig wirksame Medizin gegen dieses Virus: Ich erneuere meine Leidensbereitschaft und bitte Gott um seinen Beistand. So wie es mir möglich ist, wende ich mich mit meinem Schmerz der Gegenwart und dem Namen Jesu zu. Der Schmerz löst sich dadurch nicht gleich auf. Er ist jedoch leichter zu tragen. Wie oft sich die Klapptür auch schließt, sie lässt sich in dieser Weise stets aufs Neue öffnen. Gleichzeitig öffne ich mich dabei immer wieder neu für Gottes heilbringende Gegenwart.

Die aktive Bereitschaft ist sehr wichtig. Sind wir nicht bereit zu leiden, so wehren wir unbewusst fast alles von vornherein ab.[77]

Wir vermeiden Schmerz nicht nur, weil wir nicht gerne leiden, sondern auch, weil wir eine große Sehnsucht nach Freude und Liebe haben und darin unserem innersten Wesenskern näher sind. In der Meditation richten wir uns auf diesen Wesenskern aus, von dem Paulus als Geist Gottes spricht, der in uns wohnt (Röm 8,9). Von diesem Wesenskern kommt die Kraft, Schmerz zu lindern und sich dafür einzusetzen, Leid zu vermeiden, wo es möglich ist. Von ihm kommt aber auch die Kraft, unvermeidbaren Schmerz und Leid auf sich zu nehmen. In der Meditation geht es um die Haltung, die man einem unvermeidbaren Schmerz gegenüber einnimmt. Indem man bereit ist, sich diesem Schmerz zu stellen, lässt man sich auf einen Weg der Erlösung und der inneren Befreiung ein und damit auf einen Weg, der den Menschen näher zu seinem innersten Wesenskern führt. Um Schmerzhaftes nicht spüren zu müssen, würde man diesen Weg gerne abkürzen. Die radikalste Abkürzung ist es, den Schmerz von vornherein abzuwehren, so dass man ihn erst gar nicht zu spüren bekommt.

Dazu einige Beispiele aus dem Alltag: Eine Bitte wird nicht ausgesprochen und kann deshalb auch nicht abgeschlagen werden; ein Bedürfnis wird nicht gezeigt und kann so nicht übergangen werden; eigene Wünsche und Erwartungen werden von einem selbst abgelehnt. Sie können dann keine Unzufriedenheit auslösen, wenn sie unerfüllt bleiben. Man glaubt sich in dieser Weise Enttäuschungen zu ersparen. In der Meditation setzt man dieses Verhalten fort, indem man sich auch hier keine Wünsche und Erwartungen eingesteht. Die Meditation soll sein dürfen, wie sie ist, so ist gewährleistet, dass man auf jeden Fall zufrieden ist. Man sagt dann zum Beispiel: „Ich hatte viele Gedanken und war etwas unruhig, aber das ist schon in Ordnung." Dieses kleine „aber" kann ein Zeichen dafür sein, dass man den Wunsch nach einer Veränderung in der Meditation nicht zugelassen hat.

In dieser Abwehrhaltung richtet man auch an Gott keine Bitten. Man geht davon aus, dass es einem dann nichts ausmacht oder zumindest weniger, wenn der dahinterstehende Wunsch unerfüllt bleibt. Diese Form der Abwehr entspringt nicht zuletzt dem menschlichen Machtbedürfnis. Man will unabhängig bleiben gegenüber den

Mitmenschen und ebenso gegenüber Gott. Aus diesem Grund will man von niemandem etwas brauchen und niemanden um etwas bitten. Man will die Dinge selbst in der Hand haben und selbst bestimmen, was sein soll. Doch die Wünsche und Erwartungen, die man hat, sind dadurch nicht einfach verschwunden. Sie werden in dieser Weise nur gedeckelt und mit ihnen auch die Lebensenergie. Man erfährt dies als Antriebsschwäche, Lustlosigkeit, Oberflächlichkeit, Niedergeschlagenheit, Unzufriedenheit, innere Härte oder schlechte Laune.

Der Versuchung, von vornherein alles Unangenehme und Schmerzhafte abzuwehren, erliegt man auch dann, wenn das angestrebte Ziel der Meditation Ruhe und Entspannung ist. In diesem Bestreben gleicht man einem Kapitän, der eine Insel sucht, auf der es ihm gut gehen soll. Er steuert dabei jedoch das Schiff in einer Weise, dass es sich nur um sich selbst dreht. In der Meditation unterbricht man das Kreisen um sich selbst, wenn man innehält und bereit ist, seine Unruhe wahrzunehmen, obwohl man sich nach Ruhe sehnt. Zur Ruhe kommen meint in der Meditation, sich selbst in Ruhe zu lassen. Man gestattet es sich, zu Gott zu kommen, so wie man ist. Man gesteht sich seine Wünsche und Erwartungen ein und schließt Unangenehmes und Schmerzhaftes nicht aus. Erst jetzt ist man mit seinem Schiff auf dem richtigen Kurs und man bleibt es, wenn man nicht nur in Verbindung mit seiner menschlichen Realität ist, sondern die Verbindung zur Gegenwart sucht und seine Aufmerksamkeit bewusst zur Wahrnehmung seiner Hände und zum Namen Jesu lenkt. Da man bereit ist, bei dieser „inneren Fahrt“ sich selbst und seinem Kreuz zu begegnen, öffnet man sich einem tiefgreifenden Wandlungs- und Heilungsprozess. Zu diesem lohnenden Ziel gibt es keine Abkürzung. Würde man hingegen davon ausgehen, dass eine Meditation nur ohne Störungen eine gute Meditation wäre, käme es dem gleich, als würde man sagen: „Ich wäre ein guter Christ, wenn nur mein Kreuz nicht da wäre."

Unser augenblickliches Befinden ist die Tür, durch die wir zu unserem innersten Wesenskern gelangen. Diese Tür dorthin öffnet sich jedoch nicht automatisch und auch nicht gegen unseren Willen, sondern mit unserer Bereitschaft, das Schmerzhafte, das sich in der Stille zeigt, im Namen Gottes zu begegnen.

Der Schmerz muss nicht besiegt, ausgerottet, überwunden oder bearbeitet werden. Er muss vielmehr zugelassen werden und weh tun dürfen, bis er sich von selber löst. Dies ist ein Verzicht auf aktives Tun, ein Geschehenlassen. Kontemplation ist Schauen. Dahinter steckt die Überzeugung, dass es im Inneren des Menschen eine heilende Kraft gibt, die in der Stille zum Tragen kommt und von sich aus die Schmerzen auflöst.[78]

Wie kann ein Schmerz, der sich in der Meditation zeigt und den ich nicht verändern kann, Heilung finden? Oder anders gefragt: Wie kann ich trotz Schmerz, den ich nicht verändern kann, zum inneren Frieden finden? Franz Jalics weist mit seiner Aussage den Weg dazu auf. Die große Herausforderung besteht darin, auf das eigene Tun zu verzichten und sich für eine Haltung des Geschehenlassens zu öffnen. Diesen kontemplativen Umgang vermittelt Jesus mit dem Gleichnis vom Unkraut und vom Weizen (Mt 13,24–30). Die Knechte, die Unkraut im Weizenfeld entdecken, wollen sofort aktiv werden. Sie fragen den Gutsherrn, ob sie es ausreißen sollen. Die Antwort ist überraschend. Sie sollen bis zur Ernte den Weizen *und* das Unkraut wachsen lassen, da sie ansonsten mit dem Unkraut auch den Weizen ausreißen könnten. Diese Antwort lässt erkennen, dass nichts Gutes herauskommt, wenn wir das Ungute ausrotten wollen. In unserer Sehnsucht nach dem absolut Guten und Reinen laufen wir Gefahr, Schaden anzurichten. Der Weizen steht symbolisch für das, was uns Kraft gibt und nährt, und das Unkraut für all das, was uns leiden lässt. Das Leid setzt oftmals den Impuls, uns Gott zuzuwenden. Das Unkraut ist also nicht per se schlecht. Unkraut ist ein Kraut, von dem man noch nicht weiß, für was es gut ist. In der Botanik spricht man deshalb nicht nur von Unkraut, sondern auch von Beikraut. Das Evangelium zeigt jedenfalls klar, dass der Gutsherr keine Angst vor dem Unkraut hat. Er weiß, dass der Weizen, das heißt das Gute, siegen wird. Auch wenn die Knechte dies selbst nicht sehen können und verblüfft sind über den Weg, den der Gutsherr ihnen weist, haben sie Vertrauen in seinen Weitblick.

Auf diesen Weg lässt man sich in der Meditation ein, wenn man bereit ist, beides in sich wahrzunehmen: das Unkraut und die gute Saat, die in der Stille zum Vorschein kommen. Manchmal geht man davon aus, dass man das Unkraut, das sich in Form von Gedanken, negativen Gefühlen sowie körperlichen und seelischen Schmerzen zeigt, sowieso automatisch wahrnimmt, da es sich in den Vordergrund drängt, ob man es will oder nicht. Doch dem muss nicht so sein. Wie man sich an einen schlechten Geruch gewöhnen kann, den man mit der Zeit nicht mehr riecht, genauso kann man sich an einen Schmerz gewöhnen, den man mit der Zeit nicht mehr wahrnimmt. Der Schmerz, den man nicht mehr spürt, ist damit jedoch nicht aus der Welt geschafft. Er wirkt unbewusst in destruktiver Weise weiter und macht blind für die gute Saat.

Die Erfahrung, die eine Frau während eines Exerzitienkurses gemacht hat, soll dies veranschaulichen. Sie ärgerte sich über einige Teilnehmer, die wiederholt zu den Mahlzeiten zu spät kamen. Der Ärger verfolgte sie bis in die Meditation. Plötzlich erschien es ihr eigenartig, dass sie ihre innere Ruhe wegen so einer bedeutungslosen Sache verlor, aber keine Unruhe darüber empfand, dass ihre Tochter seit fast zwei Jahren keinen Kontakt mehr zu ihr haben wollte. Dies erstaunte und erschreckte sie. Zugleich spürte sie nach langer Zeit wieder einen großen Schmerz über den Beziehungsabbruch. Es wurde ihr bewusst, dass sie ihn gut verdrängt hatte und dass dieser nicht wahrgenommene Schmerz hinter der großen Müdigkeit und Kraftlosigkeit steckte, unter denen sie seit geraumer Zeit litt. Mit dem jetzt offen zu Tage tretenden Schmerz kam ihr aber auch die gute Saat wieder ins Bewusstsein: die große Liebe zu ihrer Tochter, die Sehnsucht nach ihr und die Hoffnung auf eine positive Veränderung. Auch dies hatte sie seit langem nicht mehr zugelassen und gespürt.

In der Meditation ließ sie geschehen, dass sich beides in ihr zeigte: das Unkraut und die gute Saat. Sie verzichtete darauf, während der Meditation eine Lösung für ihren Schmerz zu suchen. Es war ihr bewusst, sobald sie sich mit ihren Gedanken beschäftigte, trennte sie sich von ihrem eigenen Schmerz nur wieder ab. Dieser Verzicht auf das eigene Tun ist ein enorm großer Schritt auf dem Weg der Heilung. Er wird möglich, wenn man anerkennt, das Wesentliche nicht selbst in der Hand zu haben. Die Frau spürte deutlich, dass sie aus eigener Kraft weder ihren tiefen Schmerz heilen noch das Verhalten ihrer Tochter verändern konnte. Dieses Eingeständnis der eigenen Grenzen läuft in der Regel dem Zeitgeist zuwider. Dieser suggeriert gern, dass alles machbar sei, wenn man es nur wirklich will und sich entsprechend anstrengt.

Der Pfarrer meiner Gemeinde erwähnte in einer Predigt, dass im Afrikanischen das Wort „glauben" mit den Worten „über den Horizont blicken" umschrieben wird. Damit soll ausgesagt werden, dass „das Ende des Horizonts", dort wo man meint, dass es nicht mehr weitergeht, noch nicht das Ende ist. Es geht weiter! Als Jesus seinen Tod ankündigt und von seiner Auferstehung spricht, will er den Blick der Jünger über den Horizont hinaus richten. Doch Petrus reagiert aufgebracht: „Das soll Gott verhüten, Herr! Das darf nicht mit dir geschehen!" (Mt 16,22). Sein vehementer Einspruch ist menschlich nachvollziehbar. Er will nicht, dass Jesus leidet. Er will von Tod und Leiden nichts hören und er will nicht über den Horizont schauen. In dieser Haltung bleibt er auf sich selbst bezogen. Jesus reagiert ungewöhnlich hart: „Weg mit dir, Satan, geh mir aus den Augen!" (Mt 16,23). Diese Aussage muss Petrus zutiefst schockiert, aber auch wachgerüttelt haben. Indem er das Leid von sich weist, hat er nicht mehr aufgenommen, was Jesus gesagt hat. Er hat überhört, dass die Leidensankündigung mit der Verheißung der Auferstehung Jesu verbunden ist.

Wenn Franz Jalics sagt, dass es im Inneren des Menschen eine heilende Kraft gibt, die in der Stille zum Tragen kommt, will er damit unseren Blick über den Schmerz hinaus richten, der uns vielleicht gerade zu schaffen macht. Wenn er sagt, Kontemplation ist Schauen, meint er damit einerseits ein Schauen auf die Realität im Hier und Jetzt, die einen Schmerz mit einschließt, und andererseits meint er ein Schauen auf eine größere Wirklichkeit, die über das Hier und Jetzt hinausführt. Es ist die verborgene Wirklichkeit unserer Heimat in Gott. Diese Wirklichkeit ist mit den Augen nicht zu sehen und mit dem Verstand nicht zu erfassen. Sie ist jedoch als tiefe Sehnsucht, als Hoffnung, als Liebe, als Vertrauen wahrnehmbar. Im Schauen auf diese leisen Kräfte öffnet sich der Mensch für das Wirken Gottes. Wer nur auf das schaut, was er mit den Augen sehen kann, sieht nicht weit und sieht nicht tief. Er bleibt blind für die in ihn gelegte verborgene gute Saat und verpasst den entscheidenden Schritt zur Heilung, zu dem Marie-Luise Kaschnitz in einem Gedicht ermutigt:

Halte nicht ein bei der Schmerzgrenze
Halte nicht ein
Geh ein Wort weiter
Einen Atemzug
Noch über dich hinaus
Greif dir im Leeren
Die Osterblume[79]

Ihr Gedicht ruft dazu auf, beim Schmerz nicht stehen zu bleiben. Er ist noch nicht das Ende! Deshalb: Geh ein Wort weiter, einen Atemzug über dich hinaus! Für die Meditation bedeutet dies sich nicht dem Schmerz überlassen, sondern sich mit dem nächsten Atemzug zum Namen Jesu wenden. Atemzug für Atemzug geht man durch den Schmerz hindurch und über ihn hinaus, da man sich einer Wirklichkeit öffnet, die den Schmerz zu heilen vermag.

Wir brauchen keine Schmerzen zu suchen. Wir sind aufgefordert, das zu erleiden, was uns vom Leben zu erleiden auferlegt ... ist.[80]

Die Zeit, in der Schmerzen gesucht wurden, um Buße zu tun und in dieser Weise sein Heil zu erlangen, liegt in der Geschichte der Christenheit lange zurück. Heutzutage ist es klar, dass der Schmerz nicht gesucht werden muss, um ein guter Christ zu sein. Missverständnisse können aber dazu beitragen, dass auch heute in der Meditation das Schmerzhafte gesucht wird und nicht Gott. Dies ist zum Beispiel der Fall, wenn man davon ausgeht, dass es gut ist, wenn ein Schmerz spürbar wird. Als ich zu meditieren begann, ging ich von dieser Vorstellung aus. Ich glaubte nämlich, dass Heilung immer nur dann geschehen könne, wenn man einen Schmerz oder ein negatives Gefühl intensiv spürt und durchleidet.

Ich kann mich noch gut an ein Begleitgespräch mit Franz Jalics erinnern, indem ich ihm davon erzählte, dass ich eine große Traurigkeit in mir trug. Wenn ich in der Meditation jedoch meine Hände wahrnahm, spürte ich diese Traurigkeit kaum mehr. Darüber war ich irritiert und sogar enttäuscht. Er lächelte mich fragend an, als verstünde er mein Problem nicht so recht. Doch dann überraschte er mich mit der Frage: „Was suchst du? Suchst du die Traurigkeit oder das Licht?“ „Natürlich das Licht!“, war meine prompte Antwort. Es folgte eine Zeit der Stille, in der mir mein Widerspruch bewusst wurde. Ja, es stimmte, ich sehnte mich nach dem Licht, doch in der Meditation hielt ich Ausschau nach meiner Traurigkeit. Dahinter versteckte sich mein Wunsch nach einer raschen, heilsamen Veränderung. Jetzt verstand ich, dass es jedoch nicht darum geht, in mir eine Traurigkeit zu suchen, um sie in einer großen Bereitschaft zu durchleiden und mich dann Gott zuzuwenden. Die ersehnte Wandlung kann ich nicht mit meinem Willen herbeiführen, sondern nur an mir geschehen lassen. Es wurde mir jetzt klar, wie wesentlich es ist, mit Gott verbunden zu bleiben, unabhängig davon, was sich in mir zeigt, und es ihm zu überlassen, wann und in welcher Weise er in mir wirkt.

„Das gilt für alles Schöne und auch für das Elend.
In allem will Gott Begegnung feiern
und fragt und will die anbetende, hingebende Antwort.
Die Kunst und der Auftrag ist nur dieser,
aus diesen Einsichten und Gnaden
dauerndes Bewusstsein und dauernde Haltung zu machen
und werden zu lassen.
Dann wird das Leben frei in der Freiheit,
die wir immer gesucht haben.“ (Alfred Delp)

Die Meditation führt notwendigerweise durch Krisen, in denen man den Sinn nicht mehr sieht.[81]

Krisen lassen sich nicht an objektiven Kriterien festmachen. Sie werden als ein intensives, leidvolles Tief erfahren, das von jedem anders erlebt und bewertet wird. In jeder Krise steckt jedoch das Potential für positive Entwicklungen, die inneres Wachstum und neues Leben ermöglichen. In einer Krisenzeit verlangsamt sich alles. Man sieht Dinge, die man sonst nicht sieht, und viele Dinge in einem anderen Licht. Entscheidend ist, wie man mit der Veränderung umgeht und ob man einen Sinn in der Krise erkennen kann.

Für Johannes vom Kreuz, den großen Mystiker, Kirchenlehrer und Weggefährten von Teresa von Avila, sind Krisen eine Unterstützung, um uns von unserer Selbstbezogenheit zu läutern. Sie helfen uns dabei, alles abzulegen, was dem Einswerden mit Gott im Wege steht. In seinem wohl bekanntesten Werk, „Die dunkle Nacht", beschreibt er den Prozess der Läuterung, den die Seele in verschiedenen Reifestadien durchlebt, bis sie zur Vereinigung mit Gott gelangt. Dieser Läuterungsweg ist ein Weg voller Krisen. Kennzeichnend für „Die dunkle Nacht" ist das Durchschreiten einer großen Trockenheit im Gebet, die mit einem Gefühl großer Einsamkeit und Verlassenheit einhergeht. Das Gebet wird als kraftlos erfahren und schenkt keine Befriedigung mehr. Die Bemühungen auf dem Weg zu Gott erscheinen sinnlos. Obwohl man glaubt, von Gott verlassen zu sein, sich schwach und bedrückt fühlt, hat man Angst, den Weg zu verlieren, und empfindet ungeachtet dessen eine große Sehnsucht nach Gott. Diese Sehnsucht gibt den Impuls, trotz empfundener Sinnlosigkeit den Weg zu Gott fortzusetzen.

Nicht jede Trockenheit im Gebet ist jedoch Ausdruck eines Reifeprozesses, wie ihn Johannes vom Kreuz in der „dunklen Nacht" beschrieben hat. Gründet die Trockenheit im Gebet in einer depressiven Verstimmung, hat man keine Angst, den Weg zu Gott zu verlieren; man spürt die Sehnsucht zu Gott kaum oder gar nicht. Das Gebet kann auch dann als trocken erlebt werden, wenn man mit einer dauerhaft ichbezogenen Haltung meditiert. Man empfindet dann keine große Sehnsucht nach Gott, jedoch eine Unzufriedenheit über einen frustrierenden inneren Zustand. Unabhängig davon, worin die Krise gründet, drängt sie nach einer Entscheidung. Dies ist auch die ursprüngliche Bedeutung des Wortes „Krise“, das aus dem Griechischen stammt. Es leitet sich von krī́nein ab, was so viel wie scheiden, trennen, auswählen, entscheiden bedeutet. In einer Krise muss man sich entscheiden, wie man weitergeht. Für diese Entscheidung ist der Sinn ausschlaggebend, den man in dieser Krise für sein Leben erkennt. Antworten anderer können für diese Entscheidung wertvolle Impulse geben. Der Sinn einer Krise kann jedoch von niemand anderem beantwortet werden als von einem selbst. Dieser Sinn, den man für sich als „stimmig“ und „richtig“ empfindet, gibt der Seele die Kraft zum Weitergehen. Mit der Suche nach Sinn übernimmt man die Verantwortung für sein Leben und weitet gleichzeitig seinen Blick, um tiefer zu sehen als bisher und klarer zu erkennen, welchen Weg man jetzt einschlägt.

Ich erinnere mich an eine Frau, die sich innerlich dagegen sträubte, den Schmerz einer alten Verletzung an sich heranzulassen. Sie verstand zwar, dass es richtig wäre, diesem Schmerz nicht auszuweichen, aber in dieser Situation spürte sie keine Bereitschaft dazu. Sie wusste zwar, dass man in der Nachfolge Christi sein Kreuz auf sich nehmen sollte, was für sie heißen würde, ihrem Schmerz zu begegnen. Sie wusste aber nicht, ob sie das wirklich wollte, denn sie spürte nicht, wofür der Schmerz gut sein sollte. Dennoch rang sie in der Stille mit sich und mit Gott. In ihrem Ringen und Suchen nach dem „Warum“ und „wofür es gut sein soll“ wurde ihr bewusst, dass es zwar ein Leiden ohne Liebe, jedoch keine Liebe ohne Leiden gibt. Ihr wurde klar, dass die Liebe, nach der sie sich sehnte, die Bereitschaft voraussetzte, vor Leid und Schmerz nicht davonzulaufen, sondern es mitzutragen. Diese Erkenntnis löste ihren Widerstand und ihre Ablehnung gegen den

Schmerz nicht sogleich auf, sie veränderte jedoch ihre Einstellung zum Schmerz und zum Umgang mit ihm. Jetzt machte es für sie Sinn, den Schmerz an sich heranzulassen, da er in einem größeren, für sie wichtigen Zusammenhang eingebettet war. Ihre Hinwendung zum Schmerz war nun mit ihrer Sehnsucht verbunden, in der Liebe zu wachsen. Es fiel ihr wie Schuppen von den Augen und sie erkannte, dass sie ihren Partner nicht liebte, wenn sie nicht bereit wäre, seine Schwächen mitzutragen. Wie klein wäre ihre Liebe, wenn sie nur seine Schokoladenseiten lieben, aber seine Schwächen ablehnen würde. Und wie wenig würde sie sich selbst lieben, wenn sie weiterhin ihren eigenen Schmerz ablehnen würde.

Der Sinn für unser Tun und Lassen kann immer wieder verloren gehen. Ebenso kann der Sinn für die Meditation verloren gehen. Eine Frau erzählte mir von ihrer Meditation, die ihrem Empfinden nach an der Oberfläche blieb. Sie empfand keinerlei Tiefe und es erschien ihr sinnlos, in diesem Zustand weiter zu meditieren. Sie war im Begriff, die Meditation abzubrechen. Sie zögerte jedoch und als sie in sich hineinspürte, wurde ihr bewusst, dass es für sie keinen Sinn machte, von der Meditation aufzustehen und dann irgendetwas zu machen. Die Meditationszeit Gott zu schenken machte für sie hingegen Sinn, auch dann, wenn die ersehnte Tiefe ausblieb. Immer wenn man einen Sinn gefunden hat, bedeutet dies, eine Richtung gefunden zu haben und damit eine klare Orientierung. Ihre kleine Entscheidung, weiter zu meditieren, war jetzt mit ihrer Sehnsucht nach Gott verknüpft. Sinn finden bedeutet, etwas zu finden, was einen spürbaren Wert hat, etwas, wofür es sich lohnt, in der Krise bzw. trotz der Krise den nächsten Schritt in diese Richtung zu tun. Was man hingegen als wertlos empfindet, erlebt man gleichzeitig als sinnlos.

Bei der Suche nach dem Sinn geht es immer darum, Antworten zu finden auf Fragen, die man sich selbst stellt: wozu, weshalb, warum? Für was soll das gut sein, wenn ich das tue oder erleide? Soll ich meditieren oder nicht? Soll ich trotz innerer Trockenheit meditieren oder nicht? In den Antworten spiegelt sich der große Sinn wider, den man seiner Meditation und letztlich seinem Leben gibt.

Ob in der Meditation Erlösung geschieht oder nicht, hängt davon ab, ob wir im Schauen bleiben und bereit sind zu leiden.[82]

In dieser Aussage nennt Franz Jalics zwei Bedingungen, wie Erlösung in uns geschehen kann: im Schauen bleiben und bereit sein zu leiden. *„Schauen bedeutet in unserem Fall, die Aufmerksamkeit auf die Empfindung der Hände und durch sie hindurch auf die Wahrnehmung der Gegenwart zu richten."*[83] Der innere Blick ist dabei auf den Namen Jesus Christus gerichtet, den man mit dem Ein- und Ausatmen in Richtung der Hände spricht.

Wie wichtig es ist, worauf wir schauen, lässt sich an der Antwort ablesen, die Mose erhält, als er Gott darum bittet, die Israeliten von den Giftschlangen zu befreien (Num 21,4–9). Wenn wir die Schlangen symbolisch für all das nehmen, was uns leiden lässt, so ist diese Bitte bis heute aktuell. Mose bekommt zur Antwort, dass er eine Schlange aus Kupfer machen soll. Er soll sie auf eine Fahnenstange hängen. Um gerettet zu werden, sollen alle, die gebissen worden sind, auf diese Schlange schauen. Für uns bleibt diese Antwort ein Geheimnis. Wir wissen nicht, warum Gott die Schlangen nicht einfach beseitigt hat. Es wäre dann alles ein für alle Mal gelöst. Warum heißt es nicht einfach, wer auf die Schlange schaut, wird nicht gebissen und bleibt verschont von Schmerz, Angst und Schrecken? Gott mutet uns die Schlangen zu. Er mutet uns zu, dass es Leid und Schmerz, Angst und Schrecken gibt. Für Gott ist es jedoch ganz wichtig, worauf wir schauen, wenn wir Schmerz, Angst und Schrecken erleben.

In der Vorbereitung auf kontemplative Exerzitien, die ich gemeinsam mit Schwester Michèle von der Gemeinschaft von Grandchamp (Schweiz) in Auschwitz leitete, durften wir Magda Hollander-Lafon besuchen. Sie wurde als 17-Jährige deportiert und überlebte als Einzige ihrer Familie den Holocaust. In der Begegnung mit ihr ist mir ein Satz besonders in Erinnerung geblieben: „An unserem Blick hängt die Zukunft." Dieser Satz ist in ihr aus der Erfahrung geboren. In ihrer aussichtslosen Situation im Konzentrationslager schaute sie zum Himmel auf und sah, wie die Wolken vorbeizogen. Zu dieser Erfahrung schreibt sie in ihrem Buch: „An einem Sonntagnachmittag in Birkenau war der Himmel nicht mit Asche verhängt; er erstrahlte in Licht. Der Wind vertrieb die Wolken; sie zogen rasch dahin. Ich war ergriffen von der Schönheit dieser Bewegung. Wenn die Wolken sich bewegten, so sagte ich mir, konnte auch ich mich bewegen."[84] Indem sie ihren Blick zum Himmel lenkte, schöpfte sie neue Hoffnung. Alles, was wir in den Blick nehmen, hat eine Wirkung auf uns. Wenn wir auf die Schwierigkeiten fixiert bleiben, hat dies auf uns eine entsprechend entmutigende, beunruhigende, beängstigende und deprimierende Wirkung. Wir haben jedoch an jedem Tag, in jeder Meditation, ja sogar in jedem Augenblick immer wieder neu die Möglichkeit zu entscheiden, worauf wir unsere Aufmerksamkeit lenken.

Im Johannesevangelium wird die Schlange, die in der Wüste von Mose erhöht wurde, mit Jesus verglichen, der am Kreuz erhöht worden ist (Joh 3,14). Wenn unser innerer Blick auf Jesus gerichtet bleibt, auch wenn in uns Schwierigkeiten auftauchen, bleiben wir empfänglich für die verborgene Wirklichkeit Gottes. Sie will heilend, ermutigend und stärkend in uns wirken. Schwierigkeiten, Probleme, Sorgen, Schmerzen und Kummer haben jedoch oftmals eine Sogwirkung auf uns und ziehen unsere ganze Aufmerksamkeit an sich, so dass wir mit unseren Schwierigkeiten beschäftigt bleiben. Franz Jalics ist durch die Begleitung vieler Menschen zu der Überzeugung gekommen, dass die Beschäftigung mit sich selbst der häufigste Fehler in der Meditation ist und der Grund, weshalb wir die Ausrichtung auf Gott verlieren.[85] Um diesem Fehler nicht zu erliegen, bedarf es einerseits der Bereitschaft, den auftauchenden Schwierigkeiten zu begegnen, und andererseits des Entschlusses, sich der Gegenwart und dem Namen Jesu zuzuwenden. Diese Blickänderung ist der entscheidende Schritt, durch den Erlösung in uns geschehen kann.

Um bei auftauchenden Schwierigkeiten in der Meditation den Blick auf das Wesentliche nicht zu verlieren, gibt uns Franz Jalics zwei einfache Fragen mit auf den Weg. *„Die eine lautet: ‚Bin ich bei Gott oder bin ich bei mir?‘ Ich bin bei mir, wenn ich mich mit meinen Problemen, Sorgen, Wünschen, Gedanken, Gefühlen oder mit sonst etwas von ‚mir‘ beschäftige. Die zweite: ‚Bin ich zum Leiden bereit?‘ Wenn ich bei Gott bin und bereit bin zum Leiden, bin ich auf dem richtigen Weg.“*[86]

V. Die Zeit und der Leistungsdruck

In der Gegenwart leben heißt, immer ganz dort zu sein, wo man ist.[87]

Die Schnelllebigkeit unserer Zeit hat unmittelbare Auswirkungen auf unsere Aufmerksamkeit. Sie nimmt die Geschwindigkeit auf und springt schnell von der Gegenwart weg, von einem Gedanken zum anderen und von einer Sache zur anderen. Dies erschwert es, in der Gegenwart zu verweilen und ganz dort zu sein, wo man ist. Man nimmt die Dinge und auch sich selbst nur noch oberflächlich wahr. Kein Wunder, dass der Slogan „Leben im Hier und Jetzt" eine breite Zustimmung findet, da er ein intensives Leben verspricht, das eben nicht nur an einem vorbeirauscht. So einfach der Slogan klingt, so unterschiedlich kann er aufgefasst werden. Er kann zu einer Gegenwartsfixierung führen, die nur auf das eigene Wohl abzielt. Die Verantwortung für die Mitmenschen und für die nächste Generation wird ausgeblendet. Dies kann in dem Versuch gipfeln, so viel wie möglich in der Gegenwart für sich herauszuholen nach dem Motto „nach mir die Sintflut". Der Slogan kann aber auch als Grund dienen, sich nicht mehr mit der Vergangenheit auseinanderzusetzen. Dies begünstigt eine Geschichtsvergessenheit, die das Lernen aus den Fehlern der Vergangenheit verhindert. Der Philosoph Byung-Chul Han spricht von einer „Verkürzung der Gegenwart". Die Gegenwart führt „keinen langen Schweif des Vergangenen und des Zukünftigen mehr mit sich"[88]. Im langen Schweif des Zukünftigen blitzt jedoch die Hoffnung auf, dass das Schwere ein Ende haben wird. Trotz Not, Verzweiflung und Angst gibt sie mir die Kraft zum Weitergehen und schenkt die Vorfreude auf das, was kommen wird. Im langen Schweif des Vergangenen sind Erinnerungen an Ereignisse verborgen, die mein Vertrauen auf Gott gestärkt und mich zutiefst erfreut haben. Diese Erinnerungen wirken in der Gegenwart wie Sterne, die mir den Weg durch dunkle Zeiten leuchten. Wenn diese Schweife fehlen, lösen sich die Ereignisse einander in immer kürzeren Abständen ab. Sie werden nur noch flüchtig gestreift. „Das Jetzt besitzt keine Dauer mehr ... Die Gegenwart schrumpft ... Die Zeit zerfällt zu Punkten, die richtungslos schwirren.“[89] In der Meditation erlebt man diesen Zustand zum Beispiel als Langeweile. Sie ist stets ein Zeichen dafür, dass die Aufmerksamkeit ziel- und orientierungslos hin und her streift. Man verliert dabei die Verbindung zu sich selbst. Die Zeit fühlt sich leer und sinnlos an. Man sucht dann einen Impuls von außen, der diesen unbefriedigenden inneren Zustand beenden soll. In der Meditation wartet man dann nur noch auf den Gong.

Um ganz dort zu sein, wo man ist, und auch dort zu bleiben, ist es wichtig, seine Aufmerksamkeit immer wieder zur Gegenwart zurückzuführen. Dies ist ein hochaktives inneres Geschehen, bei dem alle Sinne beteiligt sind. Vergangenes und Zukünftiges darf zum Vorschein kommen. Mit seiner Aufmerksamkeit bleibt man jedoch nicht dabei haften, sondern lenkt sie auf den Namen Jesu und die schlichte Wahrnehmung seiner Hände. Es ist eine Hinwendung zur Gegenwart, durch die man in Verbindung mit sich selbst und seiner Lebenskraft kommt. In der Stille spürt man dies als ein inneres Gehaltensein.

Die langen Schweife der Vergangenheit und der Zukunft können den Menschen berühren, jedoch nicht mehr „mitnehmen“. Es vollzieht sich ein inneres Geschehen, bei dem man selbst mehr und mehr gegenwärtig wird und empfänglich für Gottes heilsame Gegenwart. Sie beschenkt den Menschen auf unterschiedlichste Weise mit neuem Leben. Indem man seine Aufmerksamkeit immer wieder sanft zur Gegenwart zurückführt, geschieht dies so natürlich, wie es für uns selbstverständlich ist, vorwärtszugehen und nicht rückwärts.

Ein Beispiel soll dies veranschaulichen. Ein Mann kam aufgrund privater und beruflicher Schwierigkeiten erschöpft in einem Exerzitienkurs an. Die Auswirkungen seines belastenden Alltags spürte er als ein Gemisch aus innerer Schwere, Unsicherheit und Ärger. Er brauchte Zeit, um bei sich selbst anzukommen, und musste sich immer wieder zurückholen, um anwesend zu sein. In der Meditation lenkte er, wie es ihm möglich war, seine Aufmerksamkeit immer wieder zu seinen Händen und zum Namen Jesu. Diese Verbindung empfand er im Laufe der Zeit wie einen Anker, den er als inneren Halt wahrnahm. Er machte die Erfahrung, dass er seinen Gedanken, die ihn immer wieder in die Zukunft oder in die Vergangenheit führten, nicht mehr ausgeliefert war. Die Empfindung seiner Hände, durch die er mit der Gegenwart verbunden blieb, und den Namen Jesu, den er in sich wiederholte, empfand er als etwas sehr Kraftvolles. Plötzlich tauchte eine Erinnerung in ihm auf. Er hatte bei einem Spaziergang längere Zeit einen Bach betrachtet, in dem das Wasser still und unaufhörlich floss. Jetzt weckte diese Erinnerung in ihm die Zuversicht, dass auch er alles fließen lassen könne und dass sein augenblicklicher Zustand nicht bleiben werde. Diese Zuversicht erfüllte ihn mit einer überraschenden Freude und Ermutigung.

Auch wenn wir uns immer wieder dem Vielerlei der Dinge und Geschehnisse in unserem Leben zuwenden und uns vielleicht sogar darin verlieren können, holen wir uns in der Meditation durch die beständige Hinwendung zum Namen Jesu und die schlichte Wahrnehmung unserer Hände immer wieder aus der Zerstreuung in unser Inneres und zu unserer Mitte zurück. Wir üben dabei ein, anwesend zu bleiben und empfänglich zu werden für Gottes Gegenwart, die uns stets umhüllt, denn in ihm leben wir, bewegen wir uns und sind wir (Apg 17,28). Diese Präsenz und Empfänglichkeit für Gottes lebensschenkende Gegenwart entsteht jedoch nicht von selbst und nicht im Hauruckverfahren, sondern durch beharrliche Übung. Wir sammeln immer wieder neu den umherschweifenden Geist ein und führen ihn sanft zur Gegenwart zurück. Diese Übung wiederum braucht Zeit, da wir „auf die größten, tiefsten, zartesten Dinge in der Welt warten müssen, da gehts nicht im Sturm, sondern nach den göttlichen Gesetzen des Keimens und Wachsens und Werdens" (Dietrich Bonhoeffer). Und eines der größten, tiefsten, zartesten Dinge in der Welt ist es, berührbar für Gottes Gegenwart zu werden, bewusst in seiner Gegenwart zu leben und darin gehalten zu sein.

Die Zeit ist unser großer Schatz. Wir haben die Möglichkeit, Gott ein wenig davon zu schenken.[90]

Unsere Lebenszeit ist der Schatz, der uns gegeben ist, um in der Liebe zu wachsen und unsere Talente zu unserer

Freude und zum Wohle anderer zur Entfaltung zu bringen. Bereits im 14. Jahrhundert rät der unbekannt gebliebene Mystiker: „Gehe deshalb sorgsam mit der Zeit um und sieh zu, wie du sie verwendest; denn nichts ist kostbarer als die Zeit. In einem einzigen Augenblick, so kurz er auch ist, kann man den Himmel gewinnen und verlieren. Es hat einen tieferen Sinn, dass die Zeit kostbar ist, denn Gott, der sie gibt, verteilt niemals zwei Augenblicke auf einmal, sondern einen nach dem anderen. Und dies tut Er, wie Er die Ordnung und den natürlichen Lauf Seiner Schöpfung nicht umstoßen will. Denn die Zeit ist für den Menschen geschaffen und nicht der Mensch für die Zeit.“[91]

Ein straff getakteter Tagesablauf bewirkt, dass viele Menschen heute tagein, tagaus der Zeit hinterherhecheln. Man setzt alles daran, keine Zeit zu verlieren und Zeit zu sparen, wo es möglich ist. Dies könnte dazu verleiten, tatsächlich anzunehmen, dass der Mensch für die Zeit geschaffen ist. Man hält es für normal, beständig von einem gewissen Zeitdruck bestimmt zu sein. Er macht auch vor der stillen Meditationszeit keinen Halt. Ich denke an eine Frau, deren Gedanken in der Meditation beständig darum kreisten, was sie wann machen würde. Sie begann während der Meditation zu überlegen, wie lange sie jetzt wohl bereits meditiert habe. Wenn ihr Zeitgefühl ihr sagte, dass die Meditation jetzt nur noch ungefähr fünf Minuten dauern dürfte und der erwartete Gong dann aber ausblieb, wurde sie unruhig und ungeduldig. Mit Schrecken wurde ihr bewusst, dass sie ihren Alltag in ähnlicher Weise lebte. Viele ihrer Gedanken drehten sich immer wieder darum, wie viel Zeit ihr noch bliebe bzw. wie viel Zeit sie noch einplanen müsse, um dieses und jenes zu machen und alles unter einen Hut zu bekommen. Sie fühlte sich in diesen Gedanken gefangen. Sie kamen, ob sie es wollte oder nicht. Als sie in der Meditation wieder von diesen Gedanken bedrängt wurde, erinnerte sie sich plötzlich daran, dass sie diese Zeit ja Gott geschenkt hatte. Es wurde ihr schlagartig bewusst, wie unwichtig es doch war, ob die Meditation noch weitere zehn Minuten oder nur noch fünf Minuten dauern würde, da ja jede einzelne Minute dieser Gott geschenkten Lebenszeit wertvoll war. Und jede Minute gab ihr die Möglichkeit, sich Gott zuzuwenden, was sie sich im Tiefsten auch ersehnte.

Im Alltag ist es jedoch schwer, sich diese Zeit für Gott tatsächlich zu nehmen, weil, so Karl Rahner, das Gebet „in der Zeit und in der Umgebung keinen Halt und Boden für sein Gedeihen hat“[92]. Es gibt einfach immer etwas zu tun. Auch wenn wir heute mehr Freizeit haben als frühere Generationen, ist die Zeit scheinbar trotzdem knapper geworden. Der Alltag ist oft viel zu vollgepackt mit Dingen, die wir glauben tun zu müssen oder die wir tun wollen. Wie kann es möglich sein, Gott regelmäßig Zeit zu schenken, wenn man den Eindruck hat, diese Zeit nur selten oder schlichtweg gar nicht zu haben? Die New Yorker Arbeiteraktivistin, Pazifistin und Mystikerin Dorothy Day (1897–1980) gibt darauf eine ungewöhnliche Antwort: „Der einzige Weg, mehr Zeit zu bekommen, ist, Zeit auszusäen. Mit anderen Worten, sie wegzuwerfen. So wie man Weizen in die Erde wirft, um neuen Weizen zu erhalten. Es muss wie Wahnsinn gewesen sein, den allerersten Weizen wegzuwerfen – aber Weizen ging auf – hundertfach. Beginne also jeden Tag, indem du sagst: Es gibt genug Zeit! Um auf diese Weise die Zeit wegzuwerfen, in den Wind zu werfen und all die Arbeit, die zu tun ist, nicht zu beachten – und für eine Stunde in der Gegenwart des Allerheiligsten zu sitzen, und sich dem Fluch all der Beschäftigungen zu entziehen – alles, um Zeit zu ernten für jene Dinge, die wirklich wichtig sind."[93]

Dorothy Day, die ein außerordentlich aktives Leben im Dienst für die Ärmsten ihrer Gesellschaft führte, bezeugte durch die Zeit, die sie Gott schenkte, dass Zeit nicht Geld ist, auch nicht eine Leistung, die man in ihr zu erbringen hat, sondern dass Zeit Beziehung ist. In dieser geschenkten Zeit liegen Würde und Schönheit. Der Mensch heiligt in der Hinwendung zu Gott seine Lebenszeit. Dorothy Day wurde von vielen Menschen bereits zu Lebzeiten als Heilige verehrt. Sie lehnte dies jedoch entschieden ab. Sie befürchtete, dass man daraus schließen könne, dass nur wenige so leben könnten wie sie. Sie wollte nicht als Einzelfall gelten, da für sie alle Menschen zur Heiligkeit berufen sind. Sie war überzeugt, dass jeder Mensch dazu fähig sei, sein Leben auf Gott auszurichten und so wie sie selbst die Fülle des Lebens von Gott zu empfangen.

Lass deinen Wunsch nach Fortschritt los. Dieser Wunsch lenkt deine Aufmerksamkeit immer nur auf Änderungen deiner Gefühle und inneren Emotionen. Die Aufmerksamkeit auf das Wesentliche und damit auf die Gegenwart ist der Weg.[94]

Wenn man die Hand auf den Kopf eines Kindes legt, spürt man nicht, dass es wächst. Dies könnte zu der Überzeugung führen, dass dieses Kind nicht wächst. Und doch wächst es. Ebenso sind die Fortschritte in der Meditation in der Regel unmittelbar nicht wahrnehmbar, und doch vollziehen sie sich sanft im Inneren des Menschen. Johannes vom Kreuz beschreibt diese Erfahrung folgendermaßen: „Sieht der Kontemplative auch keine Fortschritte …, schreitet er doch weiter, als wenn er sich nur auf eigenen Füßen bewegte. Gott trägt uns in seinen Armen voran. Daher empfinden wir das Schreiten nicht, obgleich wir im Schrittmaß Gottes dahingetragen werden … Gott ist der Wirkende …, was er im Innern formt, ist den Sinnen unzugänglich. Es vollzieht sich im Schweigen.“[95]

Eine Frau, die bereits seit vielen Jahren meditierte, litt immer wieder unter starken Gefühlen der Verlassenheit und Einsamkeit. Sie wollte endlich sehen, dass in der Meditation etwas vorangehe, was für sie bedeutete, dass sich diese belastenden Gefühle endlich verändern sollten. Als sie wieder unter den Verlassenheitsgefühlen litt, rebellierte sie. Sie war enttäuscht von Gott, der ihr aufrichtiges Bemühen scheinbar ins Leere laufen ließ. Er sollte doch endlich ihr Leben etwas schneller positiv verändern und ihr die Gefühle der Verlassenheit und Einsamkeit nehmen. Sie wollte endlich Fortschritte sehen.

Ein Fortschritt auf unserem Weg zu Gott zeigt sich aber nicht durch ein bestimmtes Gefühl, das man spürt oder nicht mehr spürt, sondern durch die Fähigkeit, warten zu können. Warten wird oftmals als verlorene Zeit bewertet, in der man sich ausgebremst fühlt und daran gehindert, das zu tun, was man gerne tun würde. Da man über diese Zeit nicht selbst bestimmen kann, wird sie oftmals als Zumutung empfunden und kann Ohnmachtsgefühle auslösen. Wartezeiten haben heutzutage deshalb in der Regel einen negativen Beigeschmack. Warten ist jedoch eine religiöse Grundhaltung, die sich dadurch auszeichnet, *freiwillig* auf das eigene Machen und Bestimmen-Wollen zu verzichten und präsent und offenzubleiben für Entwicklung. Ich treffe damit eine Entscheidung, *wie* ich mit der Zeit des Wartens umgehe. Diesen bewussten Umgang übe ich in der Meditation ein, indem ich einverstanden bin, nicht darüber verfügen zu können, was sich in der Stille wann in mir zeigt. So wie es mir möglich ist, bleibe ich der Gegenwart zugewandt. Dies ist kein passives Geschehen, da ich meine Aufmerksamkeit bewusst immer wieder neu auf den Namen Jesu lenke, und zwar mit all dem, was die Zeit des Wartens in mir auslöst. Diese aktive Hinwendung macht die Zeit des Wartens kostbar, denn sie verbindet mich mit Gottes Gegenwart, für die ich in dieser Weise wieder berührbar werde und empfänglich für sein unaufdringliches Wirken.

Wenn Fortschritt mit bestimmten positiven Gefühlen gleichgesetzt wird, besteht die Gefahr, dass man die Ausrichtung auf Gott verliert, da man ein erwünschtes Gefühl ins Zentrum seiner Aufmerksamkeit setzt. Man wartet darauf, ob und wann sich unerwünschte Gefühle ändern und wann endlich die Gefühle kommen, die man haben will. Dabei bemerkt man oftmals das sanfte Wirken Gottes nicht, das sich im Inneren bereits vollzogen hat.

So sah auch die Frau in der Krisenzeit vor allem, dass sich der von ihr gewünschte Fortschritt noch immer nicht eingestellt hatte. Erst mit etwas Abstand konnte sie sehen, dass sie jetzt ein viel größeres Verständnis für sich hatte als früher. Sie machte sich weniger Selbstvorwürfe und hatte deutlich mehr Geduld mit sich. Sie fand aus einer Krisenzeit viel schneller heraus. Die Zeiten, in denen es ihr gut ging, waren jetzt viel länger, und die Krisen selbst hatten an Intensität verloren. In ihr war eine verstärkte Sensibilität gegenüber jenen gewachsen, die sich ebenso verlassen und einsam fühlten wie sie. Besonders fiel es ihr auf, welch wachen Blick sie als Lehrerin für jene Schüler in ihrer Klasse entwickelt hatte, die von anderen ausgegrenzt wurden. Es war ihr ein Herzensanliegen, sie darin zu unterstützen, sie wieder in die Klassengemeinschaft zu integrieren. Auch wenn noch immer manche Wegetappe krisenbehaftet war, erkannte sie rückblickend, dass sie so manches tiefe Tal hinter sich gelassen hatte und ihr Leben insgesamt leichter geworden war.

Pierre Teilhard de Chardin führte einen intensiven Briefwechsel mit seiner Cousine Marguerite, die ihr Leben in den Dienst Gottes stellen wollte und dennoch keine religiöse Berufung in sich spürte. Sie wollte endlich Klarheit über ihren Lebensweg bekommen. Er rät seiner Cousine und damit allen, die ungeduldig endlich einen Fortschritt sehen wollen, Folgendes: „… hab Vertrauen in das *langsame* Arbeiten Gottes. Ganz natürlich drängen wir in allen Dingen ungeduldig dem Ziele zu. Wir möchten die Zwischenstufen überspringen. Wir leiden voller Ungeduld darunter, *zu etwas Unbekanntem, Neuem unterwegs* zu sein (…). Dabei ist es das Gesetz jedes Fortschreitens, dass sein Weg über das Unbeständige führt – das eine sehr lange Zeit andauern kann. (…) Deine Gedanken reifen ganz allmählich; lass sie wachsen, lass sie Gestalt annehmen, ohne etwas zu überstürzen! Versuche nicht, sie zu ‚zwingen', so als könntest Du heute schon sein, was die Zeit (…) morgen aus Dir machen wird. (…) Schenke unserem Herrn Vertrauen und denke, dass seine Hand Dich gut durch die Finsternis und das Werden führen wird – und nimm aus Liebe zu ihm die Angst auf Dich, Dich im Ungewissen und gleichsam unfertig zu fühlen."[96]

Im kontemplativen Bereich läuft mit „muss" nichts.[97]

Diese kurze markante Aussage über die Meditation stimmt mit unseren Erfahrungen des Alltags nicht unbedingt überein. Hier läuft nämlich vieles mit einem „Muss". Es mobilisiert uns, Dinge in Angriff zu nehmen, die erforderlich sind, Dinge, die wir schon länger vor uns hergeschoben haben, weil wir sie nicht gerne tun. Unter Druck können wir viel leisten und sogar Höchstleistungen erzielen. Unter Druck können wir unsere Konzentration steigern. Wir können jedoch unter Druck weder unser Herz noch das Herz eines anderen öffnen. In persönlichen und freundschaftlichen Beziehungen kommen wir mit einem „Muss", das heißt mit Druck, nicht sehr weit. Die Liebe, die Zuwendung und die Aufmerksamkeit eines Menschen können wir nicht einfordern wie den Lohn am Ende eines Monats. Sie sind Geschenke und nur als Geschenk beglückend. Zuwendung, die ich bekomme, nachdem ich sie eingefordert habe, lässt meine Seele hungrig zurück. Die Meditation als freiwilliges Beziehungsgeschehen kann nur in Freiheit Früchte tragen. Gott respektiert die Freiheit des Menschen und drängt sich ihm nicht auf. Aber auch das Umgekehrte gilt: In der Beziehung zu Gott kann der Mensch keine Forderungen stellen und nichts erzwingen. Wenn Jesus seine Jünger Freunde nennt (Joh 15,15), sagt er damit aus, dass die Beziehung zu ihm nicht von einem Druck oder Zwang bestimmt sein kann, sondern von der Freiheit, die jeder Freundschaft zugrunde liegt. Es ist deshalb folgerichtig, dass Jesus in der einzigen Bedingung seiner Nachfolge kein „Muss" nennt, sondern ein „Will" und deshalb sagt: „Wer mir nachfolgen *will* ..."

In Bezug auf die Meditation verwenden wir trotzdem häufig das kleine Wort „muss“: „Ich muss jetzt meditieren.“ „Ich muss versuchen, ruhig zu werden.“ „Ich muss es schaffen, endlich regelmäßiger zu meditieren.“ „Ich muss doch eigentlich zufrieden sein.“ „Ich müsste nur mehr Vertrauen haben.“ Sprache aber schafft Wirklichkeit (Ludwig Wittgenstein) und ein „Muss“ schafft einen inneren Druck und Anspannung. Sie machen sich in einem Gefühl der Enge und der Unruhe, in unterschiedlichsten Körperverspannungen oder als innere Blockade und Verkrampfung bemerkbar.

Ich denke an einen jungen Mann, der unter Druck geriet, als er in der Anfangsrunde eines Exerzitienkurses hörte, dass viele Teilnehmende bereits seit vielen Jahren meditierten. Es machte ihm Druck als Anfänger unter so vielen „Meditationsprofis“, wie er sie nannte, zu sein. Er wollte aber auf jeden Fall mit ihnen „mithalten“ können. Dies hatte zur Folge, dass das kleine Wort „muss“ seine Gedanken bestimmte: „Ich muss es schaffen, gut zu meditieren. Ich muss ebenso viele Meditationseinheiten schaffen wie die anderen. Ich muss es schaffen, auch in die Tiefe zu kommen.“ Da jedoch mit einem „Muss“ im kontemplativen Bereich nichts läuft, waren die ersten Meditationstage für ihn entsprechend anstrengend und frustrierend. Je mehr er sich anstrengte, desto mehr verspannte er sich. Er geriet in einen beständigen Konflikt mit sich, da er unruhig und ungeduldig war und mit Willenskraft und Anstrengung versuchte, in einen Zustand der Ruhe zu kommen. Als er in den Anhörrunden von den Meditationserfahrenen hörte, dass auch sie noch immer Gedanken hatten, die sie gar nicht haben wollten, beruhigte ihn dies etwas. Doch erst als ihm bewusst wurde, dass er in der

Meditation niemandem etwas beweisen musste, sondern dass es darum ging, dass er sich selbst erlaubte, sich Gott zuzuwenden, wie er war, ließ der große Druck nach.

In der Stille zeigt sich, was da ist. Dies bedeutet, dass sich ein innerer Druck nicht nur dann bemerkbar macht, weil ich in der Meditation etwas erreichen will, sondern auch unabhängig davon, einfach deshalb, weil er in mir ist. Entspannungstechniken können diesen Druck lindern. Von einem tiefliegenden Druck kann ich mich jedoch nicht selbst befreien. Er bedarf der Erlösung in mir. Dafür ist entscheidend, wie ich mit dem inneren Druck umgehe. Um in einer hörenden Haltung zu bleiben und damit auch in Verbindung mit mir selbst, genügt es, diesen Druck wahrzunehmen. Es ist keine angenehme Wahrnehmung, doch sie ermöglicht einen kleinen Abstand zu ihm. Bereits ein minimaler Abstand ermöglicht mir eine Wahl: Folge ich dem Druck, was bedeuten würde, mich von dem „Muss" leiten zu lassen, oder verändere ich meine Einstellung von einem „ich muss" zu einem „ich will" oder zu einem „ich möchte"? Diese veränderte Einstellung ist eine Form geistiger Freiheit. Ich sage also nicht mehr: „Ich muss jetzt ruhiger werden." „Ich muss jetzt aufhören, so viel zu denken", sondern: „Ich möchte mich jetzt Gott überlassen, wie ich bin." „Ich will Jesus nachfolgen, so wie ich bin." Mit dieser Einstellung setze ich mich selbst nicht mehr unter Druck, denn ich setze mein Vertrauen nicht mehr auf mein Können oder auf mein Leistungsvermögen. Ich öffne mich stattdessen für Gottes Wirken und bin bereit, mich von Gott anschauen zu lassen, so wie ich bin. In dieser Ausrichtung verliert das „Muss" langsam seine Macht über mich und eine innere Freiheit kann in mir mehr und mehr zur Entfaltung kommen.

Können wir abschalten oder sind wir Sklaven unseres Leistungsdruckes? Das ist der springende Punkt.[98]

Leistungsdruck ist in unserer Leistungsgesellschaft allgegenwärtig. Da uns ein gewisser Leistungsdruck von Kindesbeinen an unentwegt mehr oder weniger um die Ohren bläst, bemerken wir oftmals gar nicht mehr, wie sehr er unser Leben bestimmt und sogar dominieren kann. Eine Führungskraft sagte einmal zu mir: „Ich beute mich selbst aus." Ihr Leistungsdruck war so groß, dass sie ihre Gesundheit vernachlässigte, körperliche Stresssymptome ignorierte und nicht mehr zur Ruhe kam. Sie war innerlich alles andere als frei und ein Sklave ihres eigenen Leistungsdruckes geworden. Sklave zu sein steht im extremen Gegensatz zur Freiheit, die in unserer Gesellschaft einen hohen Stellenwert hat und zu der wir auf unserem Weg zu Gott berufen sind (Gal 5,13). Die Meditation ist ein konkreter Weg zur inneren Freiheit. Sie ist ein Gegenentwurf zum gängigen Leistungsprinzip, da Meditation niemals eine Leistung ist. Hier genügt mein schlichtes Dasein vor Gott. In einer leistungsdominierten Gesellschaft wirkt der Leistungsdruck jedoch auch in Lebensbereiche hinein, in denen man ihm eigentlich zu entfliehen versucht.

Die Teilnehmerin eines Meditationskurses erzählte mir, dass sie sich darauf gefreut hatte, eine ganze Stunde Zeit zu haben, um nichts anderes zu tun, als einfach nur die schöne Natur wahrzunehmen. Auf ihrem Spaziergang stieg unerwartet der Gedanke in ihr auf, dass sie jetzt doch eigentlich etwas Nützlicheres tun könnte. Viele Dinge fielen ihr plötzlich ein, die ihr alle wichtiger und sinnvoller erschienen, als jetzt einfach nur so spazieren zu gehen.

Es beschlich sie das Gefühl, sie vergeude nur ihre wertvolle Zeit. Diese Gedanken bewirkten eine Unruhe in ihr und sie fühlte sich zunehmend unwohler. Unvermittelt hielt sie inne. Sie nahm ihren Leistungsdruck wahr und erschrak darüber, wie sehr er sie dazu drängte, etwas zu tun, und ihr dabei mühelos die Freude am Spaziergang nahm. Sie atmete immer wieder tief durch und besann sich darauf, dass es ihr doch eigentlich wichtig war, einfach nur spazieren zu gehen. Sie wollte Herr im eigenen Hause bleiben und sich auf keinen Fall von ihrem Leistungsdruck bestimmen lassen. Entschlossen lenkte sie deshalb ihre Aufmerksamkeit erneut auf die Natur und ging langsam weiter. Allmählich wurde es wieder ruhiger in ihr. Geblieben war ihr nur der Schreck über ihren Leistungsdruck. Im Alltag war er ihr so vertraut, dass sie oft gar nicht mehr bemerkte, wie sehr er ihr Denken und Handeln bestimmte.

„Niemand ist mehr Sklave, als der sich für frei hält, ohne es zu sein" (Johann Wolfgang von Goethe). Dieser Sklave wird nichts unternehmen, um frei zu werden. Wer in der Meditation seinen Leistungsdruck nicht bewusst wahrnimmt, bleibt in der Anstrengung gefangen, aus eigener Kraft das Gute in sich zu erwirken, das er jedoch nur von Gott empfangen kann. Um diese Anstrengung hinter sich zu lassen, bedarf es des „Mut[s] zum Sein" (Paul Tillich). Er gibt die Kraft zum Innehalten, um für einen Augenblick den Leistungsdruck *nur* wahrzunehmen. Es ist der Augenblick, in dem der Leistungsdruck mich nicht mehr vereinnahmen kann. Nun habe ich nämlich eine Wahl. Ich kann entscheiden, wie ich mit dem Leistungsdruck umgehe. Gebe ich dem Leistungsdruck nach und versuche weiterhin etwas zu erreichen oder wende ich mich mit dem Leistungsdruck zum Namen Jesu und vertraue mich einer größeren Kraft an, die den Weg zur Freiheit kennt? Mit jeder Hinwendung zur Gegenwart und zum Namen Jesu schalte ich sozusagen vom Leistungsdruck ab, da er mich nun nicht mehr bestimmt.

Die Verwirklichung dieser inneren Freiheit ist ein langer Prozess, der mich erfahren lässt, dass das Leben mehr ist als Arbeit und Pflichterfüllung. Nicht der Mut zu noch mehr Leistung, sondern der Mut zum Sein ermöglicht mir einen neuen Blick auf mich selbst. Er verhilft mir zu einem wahrhaftigeren Selbstbild, das von keinem Leistungsvermögen abhängig ist. Vielmehr erschließt er mir den Wert meines Lebens, der weder durch eine Leistung vergrößert noch durch ein Versagen verkleinert werden kann.

Es genügt, auf dem Weg zu sein. Ob man am Anfang oder am Ende des Weges steht, ist ohne Bedeutung.[99]

Wenn wir uns auf den Weg zu einem bestimmten Ziel machen, wissen wir in der Regel, wie viele Kilometer es in etwa bis zu diesem Ziel sind. Google Maps errechnet uns mit einem Klick die Zeit, die wir brauchen, wenn wir die Strecke zu Fuß, mit dem Auto oder der Bahn zurücklegen. Für uns ist dabei klar, vorausgesetzt, es gibt keinen Stau, dass jener, der sich später auf dem Weg gemacht hat, das Ziel entsprechend später erreichen wird. In dem Evangelium von den Arbeitern im Weinstock (Mt 20,1–16) vermittelt uns Jesus, dass die Zeit und die erbrachte Leistung innerhalb einer gewissen Zeitspanne für Gott nicht die gleiche Rolle spielen wie für uns. Jener Arbeiter, der bereits am frühen Morgen auf dem Weinberg zu arbeiten begann, bekam tatsächlich den gleichen Lohn wie jener, der erst Stunden später dazukam. Gott scheint nicht gut im Rechnen zu sein und stellt damit unser Gerechtigkeitsempfinden auf den Kopf. Doch Gottes Macht und Größe zeigen sich nicht in einer exakt geführten Buchhaltung, in der aufgelistet ist, was jemand geleistet hat und wie lange, sondern in einer großzügigen Liebe, die eben nicht fein säuberlich aufrechnet. Da wir aber dazu neigen, Taten mit sichtbarem Erfolg an die erste Stelle zu setzen, Gott aber der Liebe den ersten Platz einräumt (Charles de Foucauld), geraten wir hier in einen Konflikt.

Franz Jalics möchte uns diesen Konflikt ersparen. Für ihn war es deshalb wichtig, seine Exerzitienkurse nicht in Anfänger- und Fortgeschrittenenkurse einzuteilen. Diese Wortwahl könnte schnell dazu verleiten, zu glauben, dass die sogenannten Fortgeschrittenen Gott näher seien als jene, die zu einem Anfängerkurs kommen. Wir können jedoch weder von uns selbst, geschweige denn von anderen Menschen sagen, wie nahe oder wie weit entfernt sie von Gott sind. Diese Überlegungen machen deshalb keinen Sinn. Unser Weg zu Gott ist ohnehin einzigartig und die Liebe zu ihm ist weder messbar noch berechenbar. Der kontemplative Weg lädt dazu ein, sich demütig mit dieser Unwissenheit dem Licht seiner Gegenwart zuzuwenden. Wenn man aber trotzdem gern nach einem Anhaltspunkt Ausschau halten würde, um zu erkennen, wie weit man auf seinem Weg zu Gott bereits vorangeschritten ist, nennt uns Edith Stein ein einfaches Kriterium: „Die Freude ist ein Zeichen, das wir dem Licht nahe sind." Ihre Mitschwester Therese von Lisieux sagt uns, wo wir diese Freude finden: „Die Freude steckt nicht in den Dingen, sondern im Innersten unserer Seele." Sie ist weder von irgendeinem Erfolg noch von einer erbrachten Leistung abhängig. Diese Freude entspringt der tiefen, inneren Erfahrung: Ich bin von Gott geliebt, so wie ich bin und unabhängig davon, ob ich am Anfang, in der Mitte oder bereits am Ende meines Weges zu Gott angelangt bin.

Das Wahre schenkt sich. Hält man es fest, entzieht es sich.[100]

Diese Aussage beinhaltet zwei Tatsachen, denen wir in der Meditation begegnen. Das Wahre können wir uns nicht erarbeiten. Es wird geschenkt. Das Wahre ist all das, was wir aus eigener Kraft nicht in uns erzeugen können: Liebe, innerer Friede und innere Freiheit, Güte, Barmherzigkeit, Mut und Langmut. Wenn wir das Wahre empfangen und festhalten wollen wie einen Besitz, entschwindet es uns. Wir können uns nur immer wieder neu für das Wahre öffnen und es uns immer wieder neu schenken lassen. Vielleicht hat man aber die Erfahrung machen müssen, dass man im Leben nichts geschenkt bekam, dass man nur nach einer erbrachten Leistung belohnt wurde und auch nur dann Liebe und Zuwendung bekommen hat. Es ist dann naheliegend, sich in der vertrauten leistungsbezogenen Haltung auch zu Gott zu wenden. Man denkt gar nicht daran, dass man einfach so beschenkt werden könnte.

Eine Frau erzählte, dass sie erst durch ihre Erkrankung gelernt habe, wie bereichernd es für sie ist, sich beschenken zu lassen. Sie hatte sich in ihrem Leben vieles hart erarbeiten müssen. Sie war es gewohnt, alleine zurechtzukommen. Als ihre Kräfte langsam nachließen, konnte sie viele Tätigkeiten nicht mehr in der gleichen Weise verrichten wie früher. Vieles strengte sie mehr an und sie brauchte zu allem mehr Zeit. Wenn sie zum Beispiel ihre Freundinnen einlud, konnte sie es lange nicht annehmen, dass diese selbst etwas zum Essen mitbrachten. Ihre Freudinnen wollten sie entlasten, doch sie wollte und konnte die Grenzen ihres Körpers nicht wahrhaben. Sie war es auch nicht gewohnt, sich in dieser Weise beschenken zu lassen. Dies zu lernen war ein längerer, tränenreicher Prozess, bei dem sie jedoch im tiefsten Inneren spürte, dass genau dies ihr Weg zu Gott war. Der meditative Weg ermutigte sie, sich Gottes Gegenwart zu überlassen, so wie sie war: mit ihren körperlichen Einschränkungen und deren Ablehnung; mit ihrer Traurigkeit darüber; mit ihrem Stolz und auch mit ihrer Härte gegenüber sich selbst. Indem sie jedoch dabei nicht steckenblieb, sondern sich mit all dem zu Jesus wandte, gab sie mehr und mehr ihre leistungsbezogene Haltung auf.

Heute kann sie nur darüber staunen, wie einfach es für sie geworden ist, die Unterstützung und Hilfe anderer als Geschenk anzunehmen und sogar selbst darum zu bitten. Diese innere Freiheit hatte sie früher nicht. Früher drängte sie ein Krämergeist dazu, nach einem Geschenk sofort zu überlegen, wie sie sich revanchieren könnte. Jetzt erlebte sie, welche Freude ihr bereits kleine Aufmerksamkeiten bereiten konnten. Auch ihre Meditationszeit fühlte sich jetzt für sie anders an. Im Gegensatz zu früher erlaubte sie sich nun zu Beginn der Meditation, ihren Körper langsam und bewusst wahrzunehmen. Diesen bewussten Beginn empfand sie jetzt als eine wertvolle Vorbereitung, um, wie sie sagte, Gott in ihrem Haus zu empfangen. Die Meditation war für sie zu einer Zeit geworden, in der sie sich Gott schenkte. Sie empfand ihr Leben selbst als ein Geschenk. Es war ihr bewusst, dass sie dieses Geschenk nicht festhalten konnte. Sie konnte es nur jeden Tag neu empfangen. Und das tat sie mit Freude und in Dankbarkeit.

VI. Die Sehnsucht, die Stille und das Loslassen

Der eigentliche Motor der Meditation ist die Sehnsucht nach Gott. (...) Sie ist nicht immer spürbar, aber sie ist immer gegenwärtig.[101]

Wenn Jesus sagt, „wen dürstet, der komme zu mir und trinke“ (Joh 7,37), spricht er von dieser Sehnsucht. Durst ist der bildhafte Ausdruck für die Sehnsucht nach Gott. Sie ist eine Kraft, die den Menschen in Bewegung versetzt. Sehnsucht wird im Wörterbuch als „inniges, schmerzliches Verlangen“ umschrieben. Sie ist also nicht unbedingt ein angenehmes Gefühl. Sie kann sich als Unzufriedenheit bemerkbar machen. Der Mensch ahnt, dass arbeiten, essen, schlafen und ab und zu in den Urlaub fahren im Leben doch noch nicht alles sein kann. Dorothee Sölle umschreibt diese Ahnung mit den Worten: „Es muss doch mehr als alles geben.“ Für Augustinus ist die Sehnsucht eine Unruhe: „Unruhig ist unser Herz, bis es Ruhe findet in dir.“ Simone Weil beschreibt diese Sehnsucht als gegenseitige Anziehungskraft zwischen Gott und dem Menschen mit folgendem Bild: „Zwei Gefangene in benachbarten Zellen, die durch Klopfzeichen gegen die Mauer miteinander verkehren. Die Mauer ist das Trennende zwischen ihnen, aber sie ist auch das, was ihnen erlaubt, miteinander zu verkehren. Das gleiche gilt für uns und Gott. Jede Trennung ist eine Verbindung.“[102] Es ist also die erlebte Distanz, die die Sehnsucht weckt. Sie ist das Verbindende zwischen Gott und den Menschen. Denn nicht nur der Mensch sehnt sich nach Gott, sondern Gott sehnt sich auch nach dem Menschen und sucht nach ihm. „Wo bist du?" (Gen 3,9), lautet die erste Frage, die Gott in der Bibel dem Menschen stellt.

Da jeder Mensch einen einzigartigen Weg zu Gott hat, ist auch die Sehnsucht eines jeden einzigartig. Manche geben ihr den Namen Liebe, Frieden, Klarheit, Verbundenheit oder Versöhnung. All dies sind Namen Gottes. Denn Gott ist die Liebe, der Frieden, die Klarheit, die Verbundenheit und die Versöhnung. Bei Edith Stein war es die Wahrheit, nach der sie sich sehnte und die sie ihr Leben lang suchte. Sie hatte keinen Zweifel daran: „Wer die Wahrheit sucht, der sucht Gott, ob es ihm klar ist oder nicht." Franz Jalics ist davon überzeugt: *„Gott selbst erweckt diese Sehnsucht."*[103] *„Wir sind von unserem innersten Wesen her auf Gott ausgerichtet. Es ist uns in den Urgrund unserer Seele eingeschrieben, dass wir von Ihm kommen und nur bei Ihm unsere endgültige Heimat finden können. Die Sehnsucht nach Gott ist unser eingeborener Kompass."*[104] Bei mancher dunklen Wegetappe ist die Sehnsucht oft unser einziger Begleiter. Christian Morgenstern beschreibt diese tiefe Sehnsucht folgendermaßen: „Ich bin wie eine Brieftaube, die man vom Urquell der Dinge in ein fernes, fremdes Land getragen und dort freigelassen hat. Sie trachtet ihr ganzes Leben nach der einstigen Heimat, ruhelos durchmisst sie das Land nach allen Seiten. Und oft fällt sie zu Boden in ihrer großen Müdigkeit, und man kommt, hebt sie auf, pflegt sie und will sie ans Haus gewöhnen. Aber sobald sie die Flügel nur wieder fühlt, fliegt sie von neuem fort, auf die einzige Fahrt, die ihrer Sehnsucht genügt, die unvermeidliche Suche nach dem Ort ihres Ursprungs."[105]

Die Sehnsucht kann jedoch auch tief in uns verborgen sein, so dass wir manchmal keinen Namen für sie haben oder sie auch gar nicht spüren. Wir können ihr jedoch auf die Spur kommen, wenn wir darauf achten, was uns bei schwierigen Meditationen die Kraft und die Motivation gibt, nicht aufzugeben. Trotz Schwierigkeiten nicht aufzugeben ist bereits ein Zeichen dafür, dass wir von der Sehnsucht nach Gott getragen sind.

Jesus sagt: „Wen dürstet, der komme zu mir!" Es ist also entscheidend, wohin der Mensch mit seiner Sehnsucht geht und wie er sie zu stillen sucht. Oft sucht man ihre Erfüllung in den äußeren Umständen oder anderen Menschen. Beides kann uns darin unterstützen, unserer Sehnsucht näher zu kommen, doch die Erfüllung der tiefen Sehnsucht nach Gott ist weder in den äußeren Umständen zu finden noch in einem anderen Menschen. Wenn Jesus sagt, dass aus unserem Inneren Ströme von lebendigem Wasser fließen werden (Joh 7,38), will er uns dazu ermutigen, die Aufmerksamkeit nach innen zu lenken. Die tiefe Sehnsucht kann nämlich nur im Innern des Menschen gestillt werden, wenn er die Quelle in sich sucht und tatsächlich von ihr trinkt. Wen dürstet, dem nützt es nämlich nichts, ein Buch über die Bedeutung des Wassers zu lesen. Auch wenn es sehr aufschlussreich ist, wird man danach immer noch Durst haben. Den Durst wird man erst stillen, wenn man trinkt, das heißt, wenn man sich mit der nach innen gelenkten Aufmerksamkeit auf eine Erfahrung einlässt.

Die Erfahrung der inneren Quelle, von der Jesus spricht, beschreibt Teresa von Avila mit folgenden Worten: „Es quillt friedvoll und mit größter Ruhe und Sanftheit aus dem tiefsten Inneren unseres eigenen Wesens empor."[106]

Jede Wende nach innen ist eine Hinwendung zu dieser stets in uns gegenwärtigen Quelle. Auch wenn man die Ströme von lebendigem Wasser in der Meditation nicht in sich spürt, sondern eine innere Trockenheit, ist die Sehnsucht die Kraft, die bewirkt, dass man sich nicht beirren lässt und dem Namen Jesu zugewandt bleibt. Franz Jalics betont: „*Wichtig ist, diese Sehnsucht nicht in konkrete Vorstellungen umsetzen zu wollen, sondern einfach und ausschließlich auf sie zu schauen. Horcht man in diese Sehnsucht hinein und bleibt dabei, wird sie stärker, gegenwärtiger und tragender. Sie führt direkt zur Gegenwart Gottes.*“[107] Dies sind kostbare Augenblicke, in der wir unmittelbar von Gottes Gegenwart berührt werden. Eine Frau vertraute mir diesen kostbaren Augenblick an, den sie während der Meditation erlebt hatte. Sie beschrieb ihn mit folgenden Worten: „Ich kann mein Erleben nur schwer ausdrücken. Es war, als öffnete sich in mir plötzlich ein Meer von Barmherzigkeit. Ich erlebte Gottes grenzenlose Barmherzigkeit. Eine tiefe, stille Freude durchströmte mich.“ Diese Augenblicke vergehen wieder, und doch hinterlassen sie bleibende Spuren. Die Frau bekam einen milderen Blick auf Menschen, die in irgendeiner Hinsicht gescheitert waren, und urteilte nicht mehr hart über sie. Auch mit sich selbst ging sie gnädiger um, wenn sie ihre menschlichen Begrenzungen und Schwächen zu spüren bekam.

Doch was ist, wenn man diese Sehnsucht, die Gott selbst in unser Herz gelegt hat, gar nicht spürt? Wenn Alltagssorgen, Zeit- und Leistungsdruck und der graue Alltag sie zugedeckt haben? Bei Ignatius von Loyola findet sich hier ein entscheidender Hinweis. In seiner Ordensregel schreibt er, dass man jene, die in den Orden aufgenommen werden wollen, danach fragen solle, ob sie die Sehnsucht (desiderium) verspüren, Jesus mit allen Konsequenzen nachzufolgen. Wenn sie dies verneinen, solle man fragen, ob sie die Sehnsucht nach einer solchen Sehnsucht verspürten. Das genüge zur Aufnahme. Wenn bereits die Sehnsucht nach der Sehnsucht die Kraft für eine Lebensentscheidung in sich birgt, dürfen wir darauf vertrauen, dass die Sehnsucht nach der Sehnsucht uns immer wieder neu die Kraft für die nächste Meditation gibt. Dies ist tröstlich und ermutigend zugleich.

Solange die Botschaft des Menschen vor Gott nicht ausgedrückt ist, herrscht eine gespannte Stille. Wenn der Mensch seine ganze Misere vor Gott ausgedrückt hat, wird die Stille wohltuend.[108]

Die innere Stille stellt sich nicht automatisch ein, wenn die äußeren Geräuschkulissen verstummen. Aus einer Betriebsamkeit kann man nicht mit einem Satz in die innere Stille springen. Wir brauchen Zeit, um erst einmal bei uns selbst anzukommen. Dazu öffnen wir uns in der Meditation für eine Haltung des Geschehenlassens. Wir lassen gewähren, was sich in der Stille zeigt: seien es nun unsere Gedanken, eine Unruhe, Sorgen oder Ärger. Sie scheinen der Stille im Wege zu stehen. Doch auf dem Weg zur inneren Stille können und müssen wir unser augenblickliches Befinden nicht übergehen. Im Gegenteil, hier üben wir ein, uns selbst da sein zu lassen, wie wir im Augenblick sind. Wir halten uns dabei still, auch wenn es in uns selbst noch nicht still ist. Der springende Punkt ist, dass wir mit dem, was in uns laut ist, nicht beschäftigt bleiben, sondern immer wieder eine innere Wende vollziehen und hörend, lauschend darauf achten, was noch da ist: die Gegenwart, mit der wir in Verbindung kommen, wenn wir unsere Hände wahrnehmen; der Name Jesu, der in uns erklingt, wenn wir ihn in uns wiederholen, und die Stille, die uns umhüllt wie die Luft, die wir atmen. In diesem Stillesein liegt eine wunderbare Macht der Klärung, der Reinigung, der Sammlung auf das Wesentliche (Dietrich Bonhoeffer). Dies ist ein inneres Geschehen, in dem wir wieder zu uns selbst und zur Stille zurückfinden. Gottes erste Sprache ist die Stille (Johannes vom Kreuz). Sie wird grenzüberschreitend von allen verstanden, die sich ihr anvertrauen. „*Die Stille ist der Wegweiser.*“[109] Sara Maitland, eine britische Schriftstellerin, die die Stille in einer extremen Weise gesucht hat, sagt, dass die Stille nicht die Abwesenheit von einem Geräusch ist, sondern die Präsenz von etwas, das kein Geräusch ist.

Die äußere Stille kann jedoch als unangenehm, beklemmend, sogar als bedrohlich erlebt werden, wenn der Kontrast von äußerer Stille und innerer Unruhe zu groß ist. Der Mensch flüchtet dann oftmals vor der Stille und vor sich selbst und sucht etwas auf, das noch lauter ist als sein eigenes Inneres, um es zu übertönen. Doch wie gehe ich in der Meditation damit um, wenn es in mir so laut ist, dass die Stille Unbehagen und eine Nervosität in mir auslöst? Was kann ich „tun“, wenn ich nicht stillhalten kann, weil ich in der Stille keinen Halt finde und vor Gott nicht schweigen kann? Die Antwort ist schlicht: Dann spreche ich mit ihm. Franz Jalics betont, dass die Stille dann wohltuend wird, wenn man seine ganze Misere vor Gott ausgedrückt hat. Wie bei einem guten Freund spreche ich deshalb vor Gott aus, wie mir gerade ums Herz ist. Ich drücke aus, was mich belastet, was mir Sorgen und Kummer bereitet. Auch wenn sich äußerlich dadurch nichts an meiner Situation verändert, verändert das Aussprechen etwas in mir. Im Aussprechen tritt das Belastende aus mir heraus und es kann allmählich ruhiger in mir werden. Es entsteht ein Abstand zu dem, was mich bedrängt. Dieser Abstand gewährt mir einerseits einen anderen Blick auf meine momentane Situation und andererseits einen inneren Freiraum, der es mir wieder ermöglicht, Neues aufzunehmen. In diesem Freiraum findet der Name Jesu wieder eine Resonanz in mir, so dass ich den Klang der Stille langsam wieder in mir vernehmen kann. Ich erfahre, dass die Stille mich nicht verurteilt. Sie richtet mich auf, ermutigt mich und stärkt mich. Es ist Gott selbst, der dies in mir bewirkt, *„denn die wahre Stille ist er selbst"*[110].

Wer den Menschen nicht zuhören kann, kann die aufmerksame Stille auch vor Gott nicht aushalten.[111]

Auf die Frage eines Schriftgelehrten, welches Gebot das wichtigste von allen sei, antwortet Jesus: „Höre, Israel, der Herr, unser Gott, ist der einzige Herr. Darum sollst du den Herrn, deinen Gott, lieben mit ganzem Herzen und ganzer Seele, mit all deinen Gedanken und mit all deiner Kraft. Als Zweites kommt hinzu: Du sollst deinen Nächsten lieben wie dich selbst. Kein anderes Gebot ist größer als diese beiden" (Mk 12,28–31). Mit dem ersten Wort weist Jesus den Weg, wie dieses einfache und zugleich anspruchsvolle Gebot in die Tat umgesetzt werden kann: „Höre, Israel!" Die Bereitschaft, eine hörende Haltung einzunehmen, kann als Voraussetzung angesehen werden, in der Liebe wachsen zu können, zu sich selbst, zu den

Mitmenschen und zu Gott. Jesus fordert an unterschiedlichen Stellen deshalb immer wieder zum Hören auf. Es geht dabei nicht nur um den Vorgang des Hörens, sondern um die Verbindung, die dabei geschieht: zwischen dem Menschen und Gott, zwischen zwei Menschen und zwischen dem Menschen und seinem göttlichen Wesenskern. Eine hörende Haltung ermöglicht diese spürbaren Verbindungen und lässt Beziehung wachsen. Der Mensch nimmt jedoch nicht automatisch eine hörende Haltung ein, sondern wenn sie gewollt und bewusst geübt wird.

Für das kontemplative Gebet ist das Hören eine Grundhaltung, denn „wie die Nahrung für das Leben des Leibes notwendig ist, so ist das Horchen auf Gott in der Stille notwendig für das Leben der Seele" (Papst Johannes XXIII.). Ob man in der Stille jedoch tatsächlich auf Gott horcht oder um sich selbst kreist, bemerkt man selbst nicht unbedingt. Gott gibt uns nach der Meditation keine Rückmeldung. Wir bekommen von ihm auch keine Bestätigung unserer Beziehung zu ihm, die wir für gut halten können. Franz Jalics verweist uns aus diesem Grund auf die Mitmenschen. Von ihnen bekommen wir Rückmeldungen. Wenn wir uns selbst gegenüber aufrichtig sind, müssen wir erkennen, wie schwer es uns oft fällt, ihnen wirklich zuzuhören,

Wahres Zuhören bedeutet nicht nur, die Worte zu hören, sondern mich selbst zurückzunehmen, um dem anderen meine ungeteilte Aufmerksamkeit zu schenken. Die große Herausforderung besteht darin, die hörende Haltung auch dann beizubehalten, wenn ich in ein Konfliktgespräch verwickelt bin, eine Kritik zu hören bekomme oder mein Gesprächspartner eine andere Meinung oder sogar eine andere Sicht auf die Welt hat. Je mehr ich einem Menschen gestatte, anders zu empfinden als ich und eine andere Sicht auf die Dinge oder auf die Welt zu haben, desto leichter wird es mir möglich sein, in einer hörenden Haltung zu bleiben. Je nach Temperament werde ich ansonsten reflexartig mit Aggression, Empörung oder Rückzug reagieren. Ich darf davon ausgehen, dass ich in der Stille ähnlich reagieren werde, sobald sich in mir etwas Unangenehmes, Schmerzhaftes, Ärgerliches oder Widersprüchliches zeigt. Der Unterschied zwischen einer äußeren Situation und der Meditation besteht darin, dass ich in der Stille meine Reaktionen leichter bemerken kann. Denn *„die stille Meditation ist wie der Alltag in Zeitlupe. Hier jedoch werden wir mehr gewahr, was in uns vorgeht, da äußere Aktivitäten wegfallen.“*[112] Ich bin also nicht plötzlich ein anderer Mensch, nur weil ich meditiere. Im Alltag reagiere ich oft reflexartig auf das Gehörte mit Argumenten, Begründungen, Rechtfertigungen, Anschuldigungen oder Vorwürfen, die ich laut ausspreche oder mir nur denke. In der Meditation habe ich die Möglichkeit, diese Reflexe zu bemerken und einen bewussten Umgang einzuüben. Ein „hörendes Herz“ (1 Kön 3,9a) reagiert nicht sofort, sondern lässt sich von dem, was es hört, berühren. Es nimmt auf, was immer sich in der Stille zeigt. In dieser Offenheit ist das „hörende Herz“ bereit, sich einer Wandlung auszusetzen. Es lässt sich aber nicht von dem, was es hört, mitreißen, sondern bleibt dem Namen Jesu und seiner Gegenwart weiterhin zugewandt. In dieser Hinwendung ist es „ganz Ohr“. So wie Elija, der erfährt, dass sich Gott nicht im heftigen Sturm, nicht im Erdbeben und nicht im Feuer offenbart, sondern im sanften, leisen Säuseln (1 Kön 19,11–12). Elija konnte Gottes Gegenwart im sanften, leisen Säuseln vernehmen, weil er sich weder vom Sturm noch vom Erdbeben und auch nicht vom Feuer davon abhalten ließ, weiterhin hinzuhören.

Wenn ich weiterhin nach innen lausche, auch wenn es in mir selbst nicht still ist, bleibe auch ich empfangsbereit für die leisen Töne in mir. Ich bleibe dadurch berührbar für Gottes unaufdringliche Gegenwart. Das kontemplative Gebet *„lehrt uns, auf Gott zu hören, und lehrt uns damit, auf die Menschen zu hören, denn das ist dasselbe. Umgekehrt: Wer den Menschen Gehör schenken kann, kann auf Gott hören.“*[113] Je mehr ich also lerne, in der Meditation im Hören zu bleiben, desto mehr werde ich auch auf die Menschen hören. Je mehr ich auch auf das Stille und Zarte in mir höre, desto mehr werde ich in der Fähigkeit wachsen, auch bei meinem Gesprächspartner auf die leisen Zwischentöne zu achten und zu hören, was er meint, und nicht nur, was er sagt. Ich werde sogar auf das hören, was nicht ausgesprochen wurde, was jedoch in den zwischenmenschlichen Beziehungen von großer Bedeutung sein kann.

Wie jede lebendige Beziehung braucht auch die Beziehung zu Gott Zeiten, in denen man sich mitteilt, und Zeiten, in denen man hört und schweigt. Im kontemplativen Gebet steht das Hören auf Gottes Gegenwart im Zentrum. Zu Beginn der Meditation gibt es jedoch auch hier eine Zeit, in der man mit Gott spricht und sich ihm mitteilt. Manche Menschen sprechen nicht mit Gott, aus dem einfachen Grund, weil sie es nicht gewohnt sind. Manchmal führen auch Missverständnisse dazu, dass man vor Gott nur schweigt. Ich kann mich noch gut erinnern, wie überrascht eine Frau reagierte, als ich sie dazu ermutigte, zu Beginn der Meditation vor Gott auszudrücken, was sie so sehr bedrückte. Sie war davon ausgegangen, dass man im kontemplativen Gebet nicht mehr mit Gott spricht, da man auf dieser „spirituellen Ebene“ das Sprechen mit Gott bereits hinter sich gelassen hat. Ein anderes Missverständnis wäre es zu denken, dass Gott sowieso alles weiß und es deshalb nicht notwendig sei, mit ihm zu sprechen.

Als die Jünger Jesus fragen, wie sie beten sollen, sagt er ihnen nicht, dass sie vor Gott nur schweigen sollen, sondern er sagt: „Wenn ihr betet, so sprecht: Vater“ (Lk 11,2). Jesus gibt damit zu verstehen, dass die Beziehung zu Gott eine zutiefst persönliche Beziehung ist. Die Fragen, die Gott in der Bibel den Menschen stellt, zeigen, dass Gott hören möchte, was den Menschen bewegt: „Wo bist du?“ (Gen 3,9); „Warum senkt sich dein Blick?“ (Gen 4,6); „Wo ist dein Bruder?“ (Gen 4,9); „Warum weinst du?“ (Joh 20,13); „Was soll ich dir tun?“ (Lk 18,41). Vor Gott in Worte zu fassen, was einen bewegt, belastet oder freut, ist ein zutiefst intimer Glaubensschritt. In der Meditation dürfen wir diesen Schritt wagen. Alles hat seine Zeit und alles braucht seine Zeit. „Schweigen und Sprechen gehören zusammen. Eins setzt das andere voraus. Ja, beide zusammen bilden ein Ganzes (…) ähnlich, wie sich erst in der Einheit von Licht und Dunkel, Tag und Nacht das Ganze des Lebens vollzieht.“[114]

Es ist umsonst, einen Hund wegjagen zu wollen, wenn man ihn an der Leine festhält. Ich lade dich zu einer Richtungsänderung ein. Wende dich von dir und von deiner Problemwelt zur Gegenwart.[115]

Es hört sich so einfach an: „Lass los – denke nicht mehr an dein Problem.“ Es klingt, als könne man ein Problem wie eine heiße Kartoffel fallenlassen. Man öffnet die

Hand, die Kartoffel fällt zu Boden, und schon ist sie weg und man verbrennt sich nicht mehr die Finger. So einfach geht es bei einem Problem jedoch nicht. Man kann sich von belanglosen Gedanken abwenden, sobald man sie bemerkt, und sie auf diese Weise tatsächlich loslassen. Bei Schwierigkeiten, die uns bedrängen, ist dies jedoch ungleich schwieriger, da sie in uns nach einer Lösung drängen. Wir erfahren dabei, dass Loslassen nicht immer über den Willen zum Erfolg führt. Ich erinnere mich an eine Frau, die seit vielen Jahren unter Migräne litt. Von allen Seiten hörte sie immer wieder: „Loslassen! Du musst loslassen!" Es setzte sie jedes Mal unter Druck und ließ sie immer wieder verzweifeln, weil sie dachte, sie müsste es nur endlich hinbekommen loszulassen, dann wäre alles gut. Damit die Richtungsänderung, von der Franz Jalics spricht, nicht zu einer emotionalen Überforderung wird, brauchen wir Geduld und Verständnis für uns selbst. Denn in unserer Lebensgeschichte ist vieles geschehen, was bewirkt, dass wir mit unserem Willen allein nicht loslassen können. In der Meditation erfahren wir die Grenzen unseres willentlichen Loslassen-Wollens. Hier erfahren wir, dass Loslassen-Können eine Gnade ist, die wir als innere Befreiung erleben.

Eine Frau erzählte mir, dass es für sie stets wichtig war, Dinge zu verstehen. Sie hatte eine Psychoanalyse gemacht und viele Jahre ihre „Geschichte" bearbeitet. Dies hatte ihr geholfen, vieles in ihrem Leben besser zu verstehen. Sie konnte nun aber nicht einordnen, warum sie nach all dieser intensiven, inneren Arbeit in der Meditation statt innerer Ruhe und Gelassenheit ein Gefühl der Leere verspürte. Dies hatte sie nicht erwartet, als sie sich zu den Exerzitien angemeldet hatte. Sie sah sich jetzt mit dem

Problem konfrontiert, eine Erklärung haben zu wollen, diese aber nicht zu bekommen, und das Gefühl der Leere nicht haben zu wollen, es aber nicht verändern zu können. Sie hatte viele Argumente, warum sie an diesem inneren Konflikt festhielt: „Warum sollte ich nicht nach einer Erklärung suchen? Es ist doch nichts Schlimmes dabei. Mir hat es bis jetzt immer geholfen. Ich will doch nur wissen, warum ich das Gefühl der Leere überhaupt habe. Ich weiß, dass ich danach besser meditieren kann." Diese Art von Erfahrungen auf dem Weg in die Stille beschrieb Johannes Tauler im 14. Jahrhundert folgendermaßen: „Wenn der Mensch in der Übung der inneren Einkehr steht, dann hat das menschliche Ich für sich selbst nichts. Das Ich hätte gerne etwas, und es wüsste gerne etwas, und es wollte gerne etwas. Bis dieses dreifache ‚etwas' in ihm stirbt, kommt es den Menschen gar sauer an."

So kam es auch der Frau sauer an, zu erkennen, dass sie mit ihrer bewährten Strategie in der Meditation nicht weiterkam. Ihre Situation erinnerte sie an die Geschichte eines Eisbären, die sie einmal gelesen hatte. Er war in einem Käfig eingesperrt und ging viele Jahre zehn Schritte vor und zehn Schritte zurück. Als er befreit wurde, suchte er sofort Zuflucht in seinen bekannten Ecken und fing wieder an, zehn Schritte vor und zehn Schritte zurück zu gehen. Ihr Käfig bestand aus ihren Gedanken. Im Gegensatz zum Eisbären ging sie nicht vor und zurück, sondern sie drehte sich beständig im Kreis. Wie der Eisbär vermochte auch sie nicht, ihre Gewohnheit und ihren inneren Konflikt einfach hinter sich zu lassen. Sie ahnte aber, dass es in der Hinwendung zu Gott um mehr ging als um ihre Erklärungen. Sie erkannte, dass sie ihre Meditation nur vertiefen konnte, wenn Gott wenigstens von ihrer Absicht her an erster Stelle stünde und nicht ein Gefühl, das sie nicht haben wollte, oder eine Erklärung, die sie nicht bekam.

Diese Erkenntnis veranlasste sie, eine innere Richtungsänderung zu versuchen: weg von dem, was sie wollte, und hin zu Gott. Zumindest während der Zeit der Meditation wollte sie weder auf einer Erklärung beharren noch versuchen, ihr Gefühl der Leere zu verändern. Sie drückte nun zu Beginn der Meditation folgende Absicht aus: „Nicht mein Wille soll geschehen in dieser halben Stunde der Meditation, sondern dein Wille. Du führe mich!“ Diese Richtungsänderung nennt Johannes vom Kreuz Selbstzurücknahme. Da sie nun nicht mehr auf sich selbst bezogen blieb und nicht mehr versuchte, in sich etwas zu verändern, öffnete sie sich für Gottes Wirken. Die Erfahrungen, die sie dann machte, beschrieb sie mit den Worten von Hilde Domin: „Ich setzte den Fuß in die Luft und sie trug.“ Sie empfand ihren Schritt in die Leere hinein wie einen Schritt in die Luft. Als sich das Gefühl der Leere auflöste, zeigte sich unvermittelt eine tiefe Unsicherheit. Zu ihrer Überraschung spürte sie gleichzeitig eine innere Kraft, durch die es ihr möglich war, trotz der unerklärbaren Unsicherheit dem Namen Jesu zugewandt zu bleiben. Sie folgte nicht mehr sogleich ihrer gewohnten Tendenz, eine Lösung in ihren Gedanken zu suchen. Rückblickend erkannte sie, dass sie mit ihrer ständigen Suche nach Erklärungen ihrem Gefühl der Leere und der darunterliegenden Unsicherheit ausgewichen war. Ihre innere Richtungsänderung bewirkte, dass sie ihr Vertrauen nicht mehr in ihre gedanklichen Überlegungen setzte, sondern auf Gottes Wirken. In dieser Ausrichtung bekam sie die Kraft, ihrer tiefen Unsicherheit zu begegnen, so dass sie langsam Heilung finden konnte.

Wenn es wahr ist, dass Gott die Leere füllt, (...) dann müssten wir im Gebet selbst am meisten leerwerden, wo wir nichts anderes suchen, als einzig und allein von Gott erfüllt zu werden.[116]

Es ist klar: In eine volle Tasche kann man nichts mehr hineingeben und ein volles Glas muss erst geleert werden, bevor wieder etwas hineingeschüttet werden kann. Es braucht ein Fassungsvermögen, einen Freiraum bzw. eine Leere, um Neues aufzunehmen. Diese Gesetzmäßigkeit trifft auch auf die Beziehung zu Gott zu. Bereits die Geburt Jesu zeigt, dass Gott nur dort zur Welt kommen kann, wo er einen Platz vorfindet, und sei es in einem Stall. „Gott wohnt dort, wo man ihn einlässt" (Martin Buber). Gott Einlass zu gewähren ist kein einmaliger Vorgang, sondern es ist ein beständiger Prozess des Leerwerdens und Loslassens. Wer sich zum ersten Mal der Stille aussetzt, kann bei diesem Prozess anfangs erschrecken angesichts der Überfülle an Gedanken, die man nun bewusst bemerkt, die aber weder gewollt noch nützlich und auch nicht notwendig sind.

Auch die Jünger erschrecken, als sie das Gespräch zwischen dem reichen Jüngling und Jesus mitverfolgen (Mk 10,17–27). Der reiche Jüngling, der seit seiner Jugend die Gebote gehalten hat, zieht betrübt von dannen, weil er sich nicht von seinem Besitz trennen kann. Als Jesus seinen Jüngern zu verstehen gibt, dass eher ein Kamel durch ein Nadelöhr geht, als dass ein Reicher in das Reich Gottes gelangt, sind sie über diese Worte bestürzt und erschrecken noch mehr. Diese Reaktion ist verwunderlich. Sie hätten die Worte Jesu mit großer Gelassenheit, ja sogar mit Freude aufnehmen können. Schließlich hatten sie, im Gegensatz zum reichen Jüngling, ihr ganzes Hab und Gut zurückgelassen, um Jesus zu folgen. Jesus hat diese Worte jedoch nicht an den reichen Jüngling gerichtet, sondern an seine Jünger. Sie fühlen sich persönlich angesprochen und ahnen, dass es Jesus nicht nur um den äußeren, sondern auch um einen „inneren Reichtum" geht. Um diesen „inneren Reichtum" geht es auch Meister Eckhart, wenn er schreibt: „Fürwahr, ließe ein Mensch ein Königreich oder die ganze Welt, behielte aber sich selbst, so hätte er nichts gelassen. Lässt der Mensch aber von sich selbst ab, … so hat er alles gelassen."

Im Gegensatz zu einem „äußeren Reichtum" verfügt jeder Mensch ausnahmslos über einen „inneren Reichtum". Er überlagert den göttlichen Wesenskern und versperrt den unmittelbaren Zugang zu ihm. Dieser „innere Reichtum" ist ein Gemisch aus unterschiedlichsten Gefühlen und Gedanken, aus Irrtümern und Leidenschaften, Illusionen, Wünschen, Sorgen, Vorstellungen, Plänen, Phantasien, Stolz, Überzeugungen, Eigensinn und vielem mehr. Diese Aufzählung kann das Erschrecken noch vergrößern. Die Jünger fragen bestürzt: „Wer kann dann noch gerettet werden?" Sie erkennen, dass es für sie unmöglich ist, sich von diesem „inneren Reichtum" zu lösen. Jesus bestätigt dies, lenkt jedoch sogleich ihren Blick auf Gott: „Für Menschen ist das unmöglich, aber nicht für Gott; denn für Gott ist alles möglich."

Das Evangelium vom reichen Jüngling zeigt zudem, dass Gott sich nicht aufdrängt. Jesus lässt den reichen Jüngling, der sich nicht von seinem Besitz trennen will oder kann, weiterziehen. Nur wenn der Mensch bereit und willens ist, für Gott etwas loszulassen, kann dieser Raum von Gott erfüllt werden. Im Prozess des Loslassens und Leerwerdens wirken also die Gnade Gottes und der freie Willen des Menschen zusammen. In der Meditation öffnet man sich für die Gnade Gottes, indem man bereit ist, sich mit seinem „Reichtum" von Gott anschauen zu lassen. Man willigt ein, geschehen zu lassen, dass sich in der Stille die hellen wie auch die dunklen Seiten zeigen: das Hoffnungsvolle und Hoffnungslose, das Schmerzhafte und Erfreuliche, das Peinliche und Vergessene. Hier stocken wir oftmals auf unserem Weg zu Gott. „Wir bleiben in den schönen und den bösen Stunden hängen und erleben sie nicht durch bis an den Brunnenpunkt, an dem sie aus Gott herausströmen" (Alfred Delp). Der Weg bis zum Brunnenpunkt ist ein Weg der Heilung und Versöhnung, des Wachsens und Reifens. Er führt uns zu einer immer tieferen Wirklichkeitsbegegnung. Wir wenden uns dabei mit unserem „inneren Reichtum" zur Gegenwart und zum Namen Jesu. Diese Hinwendung selbst ist bereits ein Loslassen. Sie ebnet uns den Weg bis zum Brunnenpunkt. Meister Eckhart beschreibt dieses innere Geschehen mit einem einzigen Satz: „Nimm dich selber wahr und wo du dich findest, da lass dich los."

Die Meditation ist an das Loslassen gebunden. Es ist gleich, ob ein Vogel mit einer Kette oder nur mit einer dünnen Schnur an den Füßen gebunden ist. Er kann nicht wegfliegen. So ist es in der Kontemplation. Solange dein Herz an etwas Unwesentlichem haftet, kann das Wesentliche, das Allumfassende, das Eigentliche nicht deine Aufmerksamkeit fesseln, weil es schon durch etwas anderes gefangen gehalten ist.[117]

Mit dieser Aussage gibt Franz Jalics zu verstehen, dass es nicht möglich ist, zu meditieren, ohne die Bereitschaft loszulassen. Das Leben selbst kann ohne diese Bereitschaft nicht gelingen, da das Leben nicht stillsteht und ein beständiges Loslassen erfordert. Dieses Loslassen beginnt mit dem ersten Atemzug. Bevor das Kind das Licht der Welt erblicken kann, muss es den bergenden Mutterschoß verlassen. Spätestens mit dem ersten Schultag muss das Kind seine Eltern für einige Stunden loslassen. Als junger Erwachsener schließlich das Elternhaus selbst, um sein eigenes Leben aufzubauen, und umgekehrt auch Eltern müssen ihre Kinder loslassen. Wenn Freundschaften durch Konflikte oder Umzüge auseinandergehen, heißt es immer wieder Abschied nehmen. Aber auch in der Partnerschaft oder in der Freundschaft muss man immer wieder loslassen, und zwar immer dann, wenn der andere einem nicht gibt, was man brauchen würde, sei es Verständnis, Zuwendung oder Unterstützung. Je älter man wird, desto mehr muss man loslassen: berufliche Anerkennung und die Arbeit selbst, die Gesundheit mit körperlichen und manchmal auch geistigen Einschränkungen. In den Monaten der Pandemie mussten wir alle vertrauten Kontakte und gewohnten Aktivitäten plötzlich loslassen. Wir mussten alle ein Stück Freiheit und selbstverständliche Sicherheiten loslassen. Dieses notgedrungene Loslassen von dem, was einem wichtig und wertvoll ist, löst oftmals Krisen aus. Man muss loslassen, was einem wichtig und wertvoll ist. Für viele Menschen ist dies Anlass, tiefer in sich hineinzuhorchen und sich zu fragen: Was ist mir wirklich wichtig? Wo ist mein Halt, wenn Vertrautes wegfällt? Worauf gründet sich mein Leben? Auf der Suche nach Antworten verliert vieles an Bedeutung, was zuvor unverzichtbar und wichtig erschien.

In der Meditation bin ich bereit, freiwillig loszulassen: mein Haben-Wollen und mein Nicht-haben-Wollen, mein Wissen-Wollen, Kontrollieren-Wollen, Gut-sein-Wollen, Stark- und Unabhängig-sein-Wollen und alle damit verbundenen Gedanken und Gefühle. Dieses freiwillige, innere Loslassen kann ebenso tiefgründige Fragen auslösen: Wer bin ich eigentlich? Was bleibt, wenn all dies nicht mehr ist? Wer ist Gott für mich? Wer bin ich für Gott?

Die Antworten findet man nicht in Büchern und auch nicht durch gedankliche Überlegungen. Man kommt ihnen näher, indem man sich auf den Prozess des Loslassens einlässt. Er beginnt mit dem ersten Schritt, mit dem Zulassen all dessen, was sich in der Stille zeigt. Menschen, die jedoch unbewusst ihre schmerzhaften Aspekte nicht zulassen und nicht spüren wollen, überspringen diesen ersten Schritt gerne. Für sie wirken die Begriffe „Leere" und „Loslassen" manchmal sogar anziehend, weil er ihnen als verlockende Möglichkeit erscheint, sich selbst auszuweichen. Doch erst nach dem Zulassen meiner menschlichen Realität ist der Schritt des Loslassens möglich. Man vollzieht ihn, indem man seine Aufmerksamkeit mit allen Aspekten seiner Persönlichkeit auf die Empfindung seiner Hände und den Namen Jesu lenkt. In diesem inneren Geschehen lässt man sich auf eine intensive Begegnung mit sich selbst ein. Sie führt zu einer vertieften Selbsterkenntnis und zur Erfahrung der Gegenwart Gottes. In dieser Verbindung „lebt man vielleicht allmählich, ohne es zu merken, eines fremden Tages in die Antworten hinein" (Rainer Maria Rilke). Bis dahin bleibt unser Erkennen Stückwerk (1 Kor 13,9).

Für Johannes vom Kreuz lautet die zentrale Botschaft auf dem Weg zu Gott: loslassen und an nichts anhaften. An nichts anhaften bedeutet, nicht nur das loszulassen, was man als Störung und Belastung empfindet, sondern auch das, was einem lieb und teuer ist. Um bei dem Bild von Franz Jalics zu bleiben: Es geht darum, auch die dünnen Schnüre loszulassen, von denen wir oft meinen, sie seien kein Hindernis auf unserem Weg. Wie ein Vogel aber nicht fliegen kann, wenn seine Füße auch nur an dünne Schnüre gebunden sind, kann sich die Seele nicht frei zu Gott erheben, wenn der Mensch an etwas gebunden bleibt.

Im übertragenen Sinne können zum Beispiel unsere positiven Erfahrungen in der Meditation eine dieser dünnen Schnüre sein. Sosehr sie uns erfreuen und so verständlich es ist, dass wir sie wieder haben wollen oder sogar noch tiefere Erfahrungen haben wollen, geht es auf unserem Weg zu Gott letztlich nicht um sie. Jegliches Besitzdenken wirft uns auf uns selbst und auf unser Haben-Wollen zurück, und zwar unabhängig davon, ob das Haben-Wollen die materielle, geistige oder spirituelle Ebene betrifft. Für Johannes vom Kreuz besteht die Nachfolge „nicht in Erquickungen, Wohlgefühlen und geistigen Gefühlsregungen". Auch Teresa von Avila warnt davor, bei diesen Erfahrungen stehenzubleiben. Sie festhalten zu wollen führt zum Stillstand des inneren Wachstums. Alles loszulassen schließt nicht nur die schönen Erfahrungen mit ein, sondern auch alle Vorstellungen und Begriffe, die wir von Gott haben. Dies ist ein lebenslanger Prozess, bei dem es jedoch im Grunde nicht darum geht, eines Tages armselig mit gänzlich leeren Händen dazustehen. Ganz im Gegenteil. Meister Eckhart sagt: „Die Frucht von Loslassen ist die Geburt von etwas Neuem." Dieses Neue ist ein immer größer werdendes Vertrauen in Gott, eine immer tiefere Beziehung zu ihm und eine wachsende Empfänglichkeit für das Licht seiner Gegenwart in uns.

VII. Die Beziehung zu mir selbst und den anderen

Erlaube dir, nicht so zu sein, wie du sein „solltest". Erlaube dir, nichts ändern zu können. Damit fällt schon ein Druck von dir ab, und du stehst nicht mehr unter der riesigen Spannung, etwas sein zu müssen, was du nicht bist. Du wirst mehr eins mit dir selbst sein.[118]

Erlaube dir, nicht so zu sein, wie du sein „solltest". Als ich dies las, dachte ich mir, es wäre doch viel einfacher zu sagen: „Erlaube dir, so zu sein, wie du bist." Doch was ist, wenn ich so, wie ich bin, gar nicht sein will? Wenn ich mich in meiner Schwäche und in meiner Bedürftigkeit gar nicht annehmen will? Wenn ich versuche, meinen eigenen hohen Ansprüchen gerecht zu werden? Diese Aussage von Franz Jalics lässt erkennen, dass es gar nicht so selbstverständlich ist, nicht beständig zu versuchen, so zu sein, wie man sein sollte und wie man gerne wäre. Franz Jalics zeigt den Ausweg, um diesem Druck nicht zu erliegen und „verzweifelt nicht sich selbst sein zu wollen" (Søren Kierkegaard).

Ich denke an eine Frau, die betonte, dass sie keinen Grund habe, sich zu beklagen. Wenn sie sehe, wie schlecht es anderen ginge, würde ihr bewusst werden, wie gut sie es hätte. Sie habe eigentlich alles, was sie brauche: ein schönes Zuhause, ihren Mann, der sie liebt, und eine gute Arbeit. Trotzdem hätte sie den Eindruck, dass sie irgendwie blockiert sei und das Leben in ihr nicht richtig zum Fließen komme. Während des Lockdowns habe sich ihre Niedergeschlagenheit noch verstärkt. Sie könne nicht verstehen, warum sie zuhause nicht mehr regelmäßig meditiere, obwohl die Meditation für sie eigentlich sehr wichtig sei. Die Zeit dazu hätte sie.

In einem Gottesdienst leitete ein kleines Lied eine große Veränderung ein. Bei der Strophe: „Gib mir den Mut, mich selbst zu kennen. Mach mich bereit zu neuem Tun“, wurde ihr schlagartig bewusst, dass ihr genau dieser Mut fehlte. Sie erzählte später, dass es ihr so vorkam, als habe sich in ihrem Inneren in diesem Moment ein Deckel gehoben, den sie mit vielen Begründungen stets zugehalten hatte. Zum Vorschein kam eine große Unzufriedenheit: mit ihrem Alltag, dem die Abwechslung fehlte; mit den Kontaktbeschränkungen, die ihr mehr ausmachten, als ihr lieb war; mit den Auseinandersetzungen mit ihrem Mann, obwohl es meistens nur um Kleinigkeiten ging. Sie war unzufrieden, weil sie erkannte, wie rechthaberisch sie dann sein konnte. Nicht zuletzt war sie mit sich unzufrieden, weil sie es trotz ihres guten Lebens nicht schaffte, zufrieden zu sein, obwohl sie sich so darum bemühte. Jetzt konnte sie darüber nicht mehr hinwegsehen. Zu ihrer Unzufriedenheit mischten sich Gefühle der Traurigkeit, des Ärgers und der Ohnmacht.

Gleichzeitig zeigte sich aber auch eine Sehnsucht nach einem „neuen Tun“, so wie es in dem Lied hieß. Als sie sich dann wie gewohnt zur Meditation hinsetzte, verlief sie nicht so wie sonst. Sie erlaubte es sich, vor Gott unzufrieden zu sein und ihre Unzufriedenheit unbeschönigt zum Ausdruck zu bringen. Dies war im Grunde ein großer Vertrauensschritt. Sie ließ los davon, wie sie meinte, dass sie sein sollte, und zeigte sich Gott stattdessen, wie ihr zumute war. Nachdem sie sich beklagt und ihr Herz ausgeschüttet hatte, fiel eine Anspannung von ihr ab. Von Gott kam ihr kein Vorwurf und keine Anklage entgegen. Im Gegenteil, sie war ruhiger geworden. Als sie sich wieder aufrichtete, hatte sie das Empfinden, als ob ihr diese Ruhe zu verstehen geben wollte, dass sie willkommen und aufgenommen sei, wie sie ist. Dies fühlte sich für sie wie eine Befreiung an. Sie musste keine andere sein, um von Gott angenommen zu sein. Es ließ sie aufatmen. Indem sie in der Meditation gewagt hatte, sich zu zeigen, war sie gleichzeitig sich selbst und der heilsamen Gegenwart Gottes nähergekommen.

Diese Erfahrung in der Meditation ermutigte sie, mehr zu sich selbst und damit auch zu ihrer Unzufriedenheit zu stehen. Rückblickend erkannte sie, wie viel Kraft es sie gekostet hatte, ihre Unzufriedenheit beständig abzuwehren. Jetzt verstand sie auch, warum sie sich oft so energie-, lust- und freudlos fühlte. Ihre Antriebslosigkeit wurde umso stärker, je mehr sie ihre Unzufriedenheit ablehnte. Jetzt suchte sie nicht mehr nach Gründen, warum sie gar nicht unzufrieden sein dürfte. Sie musste ihre eigene Unzufriedenheit weder verleugnen noch unterdrücken und sich auch nicht für dieses Gefühl verurteilen. Sie hatte erfahren, dass der Ausweg darin bestand, ihre Unzufriedenheit wahrzunehmen, zu ihr zu stehen und dann jedoch nicht bei ihr stehenzubleiben, sondern sich mit ihrer Unzufriedenheit zu Gott zu wenden. Das kleine Lied „Gib mir den Mut, mich selbst zu kennen“, schrieb sie auf eine Karte und legte sie neben ihren Meditationsplatz. Sie erinnerte sie am Anfang der Meditation immer wieder neu daran, um diesen Mut zu bitten und sich selbst zu erlauben, vor Gott nicht so zu sein, wie sie sein „sollte“, sondern so, wie sie war.

Wenn wir uns selbst nicht lieben, woher sollen wir die Liebe zu unseren Mitmenschen nehmen?[119]

Es ist eine logische Konsequenz: Liebe, die wir für uns selbst nicht haben, können wir auch nicht an andere Menschen weitergeben. Dies ist jedoch nicht unbedingt offensichtlich. Denn es gibt viele Menschen, die sehr fürsorglich und wohlwollend mit anderen sind, jedoch nicht mit sich selbst. Fehlende Selbstliebe kann sich gut verstecken und hat vielfältige Facetten: Hartherzigkeit, die kein Mitgefühl für die eigenen Schwächen zulässt; Druck, es allen recht machen zu wollen, um niemanden zu enttäuschen; hohe Ansprüche, die einem beständig vermitteln, man sollte anders, stärker oder perfekter sein; Vorwürfe und Anklagen gegenüber sich selbst, wenn man einen Fehler gemacht hat; Geringschätzung gegenüber der eigenen Leistung, die sozusagen nicht der Rede wert ist und als selbstverständlich angesehen wird; Selbstmitleid, das verhindert, das eigene Leben in die Hand zu nehmen, und stattdessen an der Opferrolle festhält. Diese Facetten, die unterschiedlich stark ausgeprägt sein können, haben eines gemeinsam: Man hat sich selbst und sein Leben, so wie es geworden ist, noch nicht angenommen und den Wert, den man selber hat, noch nicht entdeckt. In den zwischenmenschlichen Beziehungen kommt die fehlende Selbstliebe in unterschiedlicher Weise zum Ausdruck: Die anderen sollten auch stärker, verständnisvoller, unkomplizierter oder überhaupt einfach anders und etwas perfekter sein, ansonsten reagiert man auch hier hartherzig, enttäuscht, vorwurfsvoll oder anklagend.

In der Meditation wird die Selbstliebe bzw. die fehlende Selbstliebe sehr schnell konkret, denn hier begegnet man sich selbst. Da es jedoch wehtut, wahrzunehmen, dass man sich selbst nicht liebt, muss man damit rechnen, dass man versucht, diesem Schmerz auszuweichen. Eine Möglichkeit besteht darin, sich selbst zu überspringen. Man nimmt zu Beginn der Meditation seinen Körper nicht wahr und achtet nicht auf sein Befinden. Man ist stattdessen bemüht, sich möglichst schnell Gott zuzuwenden, indem man sogleich den Namen Jesu zu wiederholen beginnt. Außerhalb der Meditation setzt man diesen Umgang fort, indem man auch hier nicht auf sein Befinden achtet. Man ist sogleich mit den Belangen anderer beschäftigt. Es sind hier aber nicht die Ausnahmesituationen gemeint, die es erfordern, sich selbst zurückzunehmen, um anderen, die in Not geraten sind, zu helfen, sondern hier ist ein Verhalten gemeint, bei dem man gewohnheitsmäßig für alle anderen und alles andere Sorge trägt, jedoch nicht für sich selbst. Eine Frau erzählte mir, dass sie so sehr gewohnt ist, darauf zu achten, dass es in der Familie für alle gut passt, dass es ihr immer wieder passiert, dass sie sich selbst vergisst. Sie achtet nicht auf ihre eigenen Grenzen und fühlt sich oft erschöpft. Wenn sie alleine ist, spürt sie manchmal nicht mehr, was sie selbst eigentlich will. Um in rechter Weise für andere da zu sein, ist es wichtig, auch mit sich selbst gut umzugehen und die eigenen Grenzen nicht zu übergehen. Bernhard von Clairvaux hat dies im 12. Jahrhundert bildhaft mit folgenden Worten zum Ausdruck gebracht:

„Wenn du vernünftig bist, erweise dich als Schale und nicht als Kanal, der fast gleichzeitig empfängt und weitergibt, während jene wartet, bis sie gefüllt ist. Auf diese Weise gibt sie das, was bei ihr überfließt, ohne eigenen Schaden weiter … Lerne auch du, nur aus der Fülle auszugießen, und habe nicht den Wunsch, freigiebiger zu sein als Gott. Die Schale ahmt die Quelle nach. Erst wenn sie mit Wasser gesättigt ist, strömt sie zum Fluss, wird sie zur See. Du tue das Gleiche! Zuerst anfüllen und dann ausgießen. Die gütige und kluge Liebe ist gewohnt überzuströmen, nicht auszuströmen ... Ich möchte nicht reich werden, wenn du dabei leer wirst. Wenn du nämlich mit dir selbst schlecht umgehst, wem bist du dann gut? Wenn du kannst, hilf mir aus deiner Fülle; wenn nicht, schone dich."

Bei der Selbstliebe fragen sich manche, ob sie nicht egoistisch sei. Dies ist nicht sogleich offensichtlich erkennbar. Im Hinblick auf die Meditation gibt es aber ein klares Unterscheidungskriterium: Geht es in der stillen Zeit um das „Haben" oder um das „Sein"? Will man in der Meditation Ruhe haben, eine schöne Erfahrung haben oder keine Störungen haben, deutet dies darauf hin, dass man in einer ichbezogenen Haltung meditiert. Die Seele bleibt hier hungrig zurück. Man wird nicht wirklich satt, da man auf sich selbst bezogen bleibt. Was einem nicht gefällt, was unangenehm und schmerzhaft ist, will man nicht haben und versucht es auszuschließen. Die Liebe schließt jedoch nicht aus. „Sie erträgt alles, glaubt alles, hofft alles, hält allem stand" (1 Kor 13,7). Fehlender Selbstliebe mangelt es an dieser inneren Stärke.

Diese innere Stärke kann in uns zur Entfaltung kommen, wenn es uns nicht um das „Haben", sondern um das „Sein" geht. Die Erfahrung des Seins erschließt sich uns im Einverstandensein mit unserer augenblicklichen, menschlichen Realität. Dieses Einverständnis ist letztlich ein „Ja" zu uns selbst. Wir verzichten darauf, uns anders zu geben und anders zu sein, als wir sind. Wir lassen uns selbst in Ruhe und urteilen nicht über uns. Der Philosoph Byung-

Chul Han spricht in Bezug auf das kontemplative Verweilen von einer „Praxis der Freundlichkeit. Es lässt geschehen, sich ereignen und willigt ein, statt einzugreifen."[120] In der Meditation üben wir uns in der Praxis der Freundlichkeit uns selbst gegenüber. Wir lassen geschehen, was sich in der Stille zeigt. Wir bekämpfen keine Anteile in uns, sondern vertrauen uns Gottes Wirken an, indem wir unsere Aufmerksamkeit auf das Empfinden unserer Hände und den Namen Jesu lenken. Das Ja zu unserem augenblicklichen Befinden und die Hinwendung zum Namen Jesu lassen uns in der Selbstliebe wachsen. Diese Verbindung führt uns zu einer immer tieferen Selbstannahme, von der Karl Rahner sagt, dass sie die große Tat unseres Lebens ist.[121]

Wir müssen uns nicht selbst vollkommen machen, sondern uns mit dem Vollkommenen verbinden. Durch diese Verbindung kann Gott in uns wirken.[122]

Vollkommen zu sein verbindet man oft mit einem perfekten Zustand, der zwar erstrebenswert ist, aber unerreichbar erscheint. Vor allem dann, wenn es darum geht, so vollkommen zu sein wie der himmlische Vater selbst. Dies löst nicht selten sogar Empörung und Widerstand aus. Man nimmt diese Aussage dann gar nicht ernst und tut sie als ein Ding der Unmöglichkeit ab. Doch diese scheinbare Unmöglichkeit traut Jesus uns zu, wenn er sagt: „Ihr sollt vollkommen sein, wie es auch euer himmlischer Vater ist" (Mt 5,48). Er gibt aber zu erkennen, dass die Vollkommenheit Gottes ganz schlicht darin besteht, dass er seine Sonne aufgehen lässt über Bösen und Guten und es regnen lässt über Gerechte und Ungerechte (Mt 5,45). Gottes

Vollkommenheit zeigt sich darin, dass Gott die Menschen nicht aufspaltet in jene, die das Gute verdienen, und in jene, die das Gute nicht verdienen. Seine Vollkommenheit zeigt sich in der Barmherzigkeit, die allen gilt. Wenn Jesus sagt, wir sollen vollkommen sein, wie es auch der himmlische Vater ist, bedeutet dies, dass auch wir die Menschen nicht aufspalten sollen in Feinde und Freunde und Barmherzigkeit walten lassen sollen auch gegenüber jenen, die uns nicht lieben. Diese Vollkommenheit ist tatsächlich mit Willensanstrengung nicht zu erreichen, sondern nur in der Barmherzigkeit lebbar, die Gott selbst gewährt.

Dieses Verständnis von Vollkommenheit hat nichts mit dem aktuellen Trend der Selbstoptimierung zu tun, bei dem es darum geht, sich selbst zu perfektionieren und keine Fehler mehr zu machen. Wer oder was nicht hundertprozentig ist, verliert an Wert und an Bedeutung – auch man selbst. Bei der Selbstoptimierung reicht es nicht mehr aus, einfach nur gut zu sein, da es ihr Ziel ist, immer noch besser zu werden. Dann sind sogar 100 Prozent manchmal nicht mehr ausreichend, da 120 Prozent auch möglich wären. Es ist dann nie gut genug und immer ist noch Luft nach oben. Diese Sichtweise spornt einerseits an, bewirkt aber andererseits einen permanenten Druck, der einen nicht mehr zur Ruhe kommen lässt. Aus Angst, die angestrebten Ziele vielleicht doch nicht zu erreichen, bleibt man in einer gewissen Anspannung beständig mit sich selbst beschäftigt.

Der Perfektionsdrang schleicht sich natürlich auch in die Meditation ein. Er macht sich als innerer Druck bemerkbar und zeigt sich als Unruhe, als Ungeduld und in vielen Gedanken. Man versucht dann zum Beispiel so gut und so lange wie möglich zu meditieren. Innere Konflikte lässt man unbewusst von vornherein nicht aufkommen, da man ja in einen Zustand der Ruhe und Gelassenheit kommen will. Außerhalb der Meditation führt der Drang, sich selbst zu optimieren dazu, sich stärker, gelassener und versöhnter zu geben, als man in Wirklichkeit ist. Da man sich dabei selbst überhöht und emotional überfordert, nehmen innere Spannungen zu. Für die frühen Mönche war deshalb die Demut eine der wichtigsten Tugenden. Vor Gott demütig zu sein bedeutete, den Mut zu haben, aufrichtig seine Unvollkommenheiten und Grenzen in den Blick zu nehmen, dann aber nicht auf sich selbst, sondern auf Gottes Barmherzigkeit zu bauen.

Für Therese von Lisieux besteht Vollkommenheit gerade darin, die eigene Unvollkommenheit vollkommen anzunehmen. Voraussetzung hierfür ist es, die Anteile, die eben nicht vollkommen sind, die schmerzhaft, unangenehm und vielleicht auch peinlich sind, zuzulassen. Vollkommen zu sein bedeutet, in meinem Dasein vor Gott nichts auszuschließen. Ich erlaube mir vor Gott, Mensch zu sein, mit Fehlern, Schwächen, Stärken und Hoffnungen. Ich lasse gewähren, was sich in mir zeigt, sei es die Trauer darüber, nicht vollkommen zu sein, oder meinen Perfektionsdrang, der versucht, das Paradies in mir doch selbst herzustellen. Das Zulassen meiner Menschlichkeit hat sehr viel mit Vertrauen zu tun, und zwar mit dem Vertrauen, dass Gott seine Sonne auch in mir über das Gute, aber auch über das Nicht-Gute scheinen lässt. Ich muss nichts in mir abspalten und darf eine gewaltfreie Haltung mir selbst gegenüber einnehmen. Ich erfahre, dass ich vor Gott die Freiheit habe, so zu ihm zu kommen, wie ich bin.

Die entscheidende Wende zur Barmherzigkeit Gottes vollziehe ich, wenn ich mich in meiner Unvollkommenheit mit dem Vollkommenen verbinde. Dies bedeutet, dass ich nicht mit meinen Unvollkommenheiten beschäftigt bleibe, sondern meine Aufmerksamkeit auf die Gegenwart und den Namen Jesus Christus richte. Mit dieser inneren Wende bleibe ich nicht länger auf meine Idealvorstellungen fixiert und versuche nicht mehr, mich aus eigener Kraft zu verändern. Ich muss nicht mehr eine perfekte Meditation hinbekommen und entziehe mich dem Sog des Immer-Weiter, Immer-Besser, Immer-Tiefer. Ich darf jetzt zur Ruhe kommen. Im Vertrauen auf Gottes Barmherzigkeit öffne ich mich für die Erfahrung, dass Gott mich trotz meiner Schwächen liebt und segnet.

Das größte Hindernis auf dem Weg zu Gott ist es, nicht verzeihen zu können.[123]

Dies ist die Erfahrung von Franz Jalics, der viele Jahrzehnte lang unermüdlich Menschen auf ihrem Weg zu Gott begleitet hat. Das Nicht-verzeihen-Können vergleicht er mit einem Staudamm, der bewirkt, dass Wasser nicht mehr fließen kann. Es staut sich und kommt zum Stillstand. Auch wenn es nachvollziehbare Gründe gibt, die rechtfertigen, warum man manchen Menschen oder auch sich selbst nicht verzeihen kann, wirkt das Unversöhnte in uns wie ein Staudamm. Es blockiert unser Leben, unsere Beziehungen und unseren Weg zu Gott.

Ablehnung, Gleichgültigkeit, Traurigkeit, Wut oder Geringschätzung, also all jene negativen Gefühle, die durch eine Verletzung in uns ausgelöst wurden, wirken stets in die Beziehung zu Gott und in die Beziehung zu uns selbst hinein, da jede Verletzung immer alle drei Beziehungen berührt: die Beziehung zu jener Person, die uns verletzt hat; die Beziehung zu Gott, der diese Verletzung zuließ; und die Beziehung zu uns selbst durch die Art und Weise, wie wir mit der Verletzung umgehen. Dieser Zusammenhang führt uns die Tatsache vor Augen, dass wir nur ein Herz haben. Wir haben nicht ein großes Herz für Gott und für uns selbst und ein kleineres für die Mitmenschen und für manche gar keines.

Verletzungen werden oftmals verdrängt, weil man in der betreffenden Situation noch nicht die Fähigkeit entwickelt hat, in einer konstruktiven Weise mit dem Schmerz umzugehen, den sie auslösen. Diese verdrängten Verletzungen schränken die Lebendigkeit ein. Sie kommen in unterschiedlicher Weise aber doch ans Licht. Das Unversöhnte zeigt sich zum Beispiel als Ablehnung gegenüber bestimmten Menschen, als schlechte Laune, Anspannung, Nervosität, Antriebslosigkeit, Vergesslichkeit, Schuldzuweisung, Empfindlichkeit, Selbstmitleid, Grübelei, psychosomatische Einschränkungen, also in negativen Empfindungen aller Art. Oftmals bringt man diese Symptome nicht mehr mit einer noch nicht ausgeheilten Verletzung in Verbindung.

Wenn kleine Ärgernisse zum Beispiel unverhältnismäßig starke Reaktionen auslösen, liegen zumeist alte Verletzungen zugrunde, die noch nicht ausgeheilt und nicht mehr bewusst sind. Ich erinnere mich an eine Teilnehmerin, die zu Beginn eines Exerzitienkurses außer sich war, weil sich jemand auf ihren Meditationsplatz gesetzt hatte. Man könnte sagen, dass dies doch kein Grund sei, sich aufzuregen. Sie könnte doch einfach einen anderen Platz nehmen oder die andere Person bitten, sich woanders hinzusetzen, und schon wäre die Angelegenheit bereinigt.

Diese schnellen Lösungsvorschläge lassen jedoch einen tief verborgenen Schmerz außer Acht, der in ihr nagte. Ihre Eltern waren in ihrer Kindheit sehr oft umgezogen und sie musste entsprechend oft die Schule wechseln. Jeder Umzug war mit vielen Tränen verbunden. Sie musste, ob sie wollte oder nicht, immer wieder neu ihren Platz in einer ihr fremden Klassengemeinschaft suchen, was ihr sehr schwerfiel. Als ihr im Meditationsraum ihr Platz genommen wurde und sie sich gezwungen fühlte, sich wieder einen neuen Platz zu suchen, brachen all die Gefühle aus ihr heraus, die sie bereits als Kind erlebt hatte: Wut, Ärger, Ohnmacht und Traurigkeit.

Dies ist die große Herausforderung auf dem Versöhnungsweg: bereit zu sein, die Gefühle, die durch eine Verletzung ausgelöst wurden, wieder an sich heranzulassen, damit sie Heilung finden. Die Heilung einer tiefen Verletzung geschieht nicht von allein, sondern erfordert eine Entscheidung. „Leben und Tod lege ich dir vor, Segen und Fluch. Wähle also das Leben!" (Dtn 30,19). Uns Menschen ist beides möglich: zu segnen oder zu fluchen, zu lieben oder zu hassen, Versöhnung und Frieden zu suchen oder im Streit und im Konflikt zu verharren. Wofür wir uns entscheiden, liegt an uns. Für Viktor Frankl ist der Mensch das Wesen, das immer entscheidet, was es ist. Diese Entscheidungsfreiheit nahm er im Konzentrationslager wahr, als er äußerlich jeglicher Freiheit beraubt war. Was ihm aber niemand nehmen konnte, war die Freiheit, zu entscheiden, wie er auf etwas, was er erleben musste, reagierte.

Diese Entscheidungsfreiheit haben wir auch im Hinblick auf den Versöhnungsweg. Auf die Vergangenheit haben wir keinen Einfluss mehr. Wir können sie nicht mehr verändern. Wir haben jedoch einen Einfluss darauf, wie wir mit den Verletzungen aus der Vergangenheit *jetzt* umgehen. Der Versöhnungsweg ist nicht als Vorschrift zu verstehen, die man als Christ zu erfüllen hat, sondern er ist stets eine freiwillige Entscheidung. Sie ermöglicht es, auch im Schmerz mit Gott verbunden zu bleiben, so dass die eigenen Wunden in der Tiefe heilen können.

Der Versöhnungsweg kann Zeiten miteinschließen, in denen man noch nicht bereit ist, sich zu versöhnen, und sich auch nicht dazu imstande fühlt, sei es, weil die Verletzung zu tief war oder noch zu frisch ist. Rückzug ist dann eine natürliche Schutzreaktion, um sich von schmerzhaften Geschehnissen erst einmal zu distanzieren. In dieser Zeit kann eine Verletzung schon etwas zu heilen beginnen. Verharrt man jedoch im Rückzug, bleibt man in seinen negativen Gefühlen gefangen. Denn die Zeit allein heilt die Verletzung nicht. Dazu bedarf es der Bereitschaft, sich auf den Versöhnungsweg einzulassen. Um diese Versöhnungsbereitschaft kann man Gott bitten, auch wenn man dies im Schmerz seiner Verletzung als Zumutung empfinden mag. In dieser Bitte steckt jedoch bereits der Glaube an eine heilsame Veränderung, die Gott schenken wird.

Obwohl es eine Voraussetzung für den Versöhnungsweg ist, ihn überhaupt gehen zu wollen, gibt es auch ein zu starkes Wollen, das blockierend wirkt. Dies ist dann der Fall, wenn der Wille bereits dort sein will, wo das Herz noch nicht ist. Man geht dann über die eigene Verletzung hinweg, weil man will, dass sich die Situation möglichst schnell entspannt und wieder gut ist. Verletzte Gefühle heilen aber nicht durch einen guten und starken Willen, der versucht, möglichst schnell wieder eine Harmonie herzustellen, sondern durch die Bereitschaft, seinen verletzten Gefühlen im Namen Gottes zu begegnen.

Genau dazu war die Teilnehmerin bereit. Sie hielt nicht mehr an der Überzeugung fest, dass alles gut wäre, wenn sich nur die andere Person anders verhalten hätte. Jene Person hatte zwar die heftigen Gefühle in ihr ausgelöst, indem sie sich aus Unachtsamkeit auf ihren Platz gesetzt hatte. In der Stille wurde ihr jedoch bewusst, dass diese Person eigentlich austauschbar ist. Jede x-beliebige Person könnte sie durch eine Unachtsamkeit empfindlich treffen, und zwar dann, wenn sie aufgrund der Unachtsamkeit schmerzhaft mit ihrer tieferliegenden Verletzung in Berührung käme. Sie erkannte, wie unfrei sie durch diese nicht ausgeheilte Verletzung eigentlich war und dass sie der Heilung bedurfte. Sie sehnte sich danach, gelassener mit Situationen umgehen zu können, die ihre alten Wunden aus der Kindheit berührten. Diese Sehnsucht motivierte sie, sich für den Versöhnungsweg zu entscheiden. Sie wehrte ihren Ärger und ihre Traurigkeit nicht mehr ab, ließ sie gewähren und versuchte, sich so, wie es ihr möglich war, mit ihren verletzten Gefühlen der Gegenwart und dem Namen Jesu zuzuwenden.

Wenn man seine wunden Punkte Gott hinhält mit all den damit verbundenen Gefühlen, werden sie zu Berührungspunkten mit Gottes heilender Gegenwart. In dieser Verbindung lösen sich allmählich innere Blockaden. Gott schlägt nicht mit dem Vorschlaghammer drein, sondern umspült in großer Behutsamkeit die Staumauer, die so langsam zu bröckeln beginnt. Manchmal hat man den Eindruck, dass die Heilung einer Verletzung enttäuschend langsam geschieht, vor allem, wenn es sich um tiefe Verletzungen handelt. Doch wir dürfen sicher sein, dass der Schmerz nachlassen wird und auch tiefe Wunden Heilung finden werden. Die Narben werden bleiben, doch sie blockieren unser Leben nicht mehr. Was wir wieder zurückgewinnen, ist eine neue Lebendigkeit und die Freiheit, wieder wählen zu können, wie wir auf Situationen reagieren, die alte Wunden berühren.

Auf dem Weg zu dieser inneren Freiheit sind wir nicht allein. Dies ist vielleicht die wichtigste Botschaft: Wir müssen den Versöhnungsweg nicht alleine gehen. Er liegt nicht allein in unserer Hand. Gott geht unsere Wege mit und er ist es, der zu seiner Zeit die Versöhnung gewährt. Unser Anteil ist die bewusste Entscheidung für den Versöhnungsweg, da Versöhnung nicht ohne unsere Einwilligung stattfinden kann. Dies ist sicherlich der wichtigste Schritt, da wir uns mit ihm bewusst für die Versöhnung öffnen. Mit ihm übernehmen wir Verantwortung für unser Leben und entscheiden uns für unsere Beziehung zu Gott. In meinen Büchern habe ich die konkreten, weiteren Schritte des Versöhnungsweges beschrieben sowie Hilfen benannt, die uns dabei unterstützen.[124] Diese Schritte dürfen wir zu unserer Zeit und in unserem Tempo gehen. Sie verändern nicht unsere Vergangenheit. Sie verändern jedoch das Leben, das wir jetzt haben.

Die einzige Weise, mit Sicherheit zu erkennen, wie wir zu Gott stehen, liegt darin, alle unsere menschlichen Beziehungen zusammenzunehmen und anzuschauen. Was in diesen Beziehungen vorhanden ist, das ist auch in unserer Beziehung zu Gott vorhanden.[125]

Mit dieser Aussage verankert Franz Jalics die Beziehung zu Gott in den zwischenmenschlichen Beziehungen. Die Beziehung zu Gott und zu den Mitmenschen kann nicht isoliert voneinander betrachtet werden. Jesus gibt unmissverständlich zu verstehen: „Was ihr für einen meiner geringsten Brüder und Schwestern getan habt, das habt ihr mir getan“ (Mt 25,40). Wenn wir Gott näherkommen wollen, kommen wir also nicht an unseren zwischenmenschlichen Beziehungen vorbei. Sie sind der Spiegel, der uns zeigt, wie es um unsere Beziehung zu Gott steht. *„Wenn ich in meinem Leben zum Beispiel zu hundert Menschen in Beziehung stehe, zwanzig davon wirklich mag, zwanzig ablehne und mit sechzig eine relativ ‚normale', aber auch oberflächliche Beziehung lebe, dann verhält es sich mit Gott so, dass sich in dieser Beziehung zwanzig Prozent Liebe, zwanzig Prozent Gottesablehnung und sechzig Prozent Oberflächlichkeit bzw. Beziehungsnormalität manifestiert.“* Noch konkreter ausgedrückt bedeutet dies: *„Solange ich auf einen einzigen Menschen wütend bin, wüte ich auch gegen Gott. Solange ich einen einzigen Menschen ignoriere oder beneide, ignoriere oder beneide ich auch Gott.“*[126] Diese Parallelität von Nächstenliebe und der Liebe zu Gott ist für den spirituellen Weg eine große Herausforderung. Sie ist jedoch auch ein Garant dafür, dass wir auf unserem Weg zu Gott mit der Realität verbunden bleiben. Franz Jalics hat stets auf die Gefahr hingewiesen, uns in unserer Beziehung zu Gott etwas vorzumachen. Von Gott bekommen wir nämlich keine Rückmeldungen, die uns auf unsere blinden Flecken aufmerksam machen. Dies geschieht in unseren zwischenmenschlichen Beziehungen. Hier bekommen wir Rückmeldungen auf unser Verhalten. Sie bringen ans Licht, was in uns ist: das Schöne und Liebenswerte, aber auch die Ecken und Kanten, die uns und anderen zu schaffen machen.

Als junge Praktikantin haben genau dies die Kinder eines Vorschulkindergartens in mir bewirkt. Hinsichtlich ihres Alters waren sie bereits schulpflichtig, doch aufgrund ihres Verhaltens nicht schulfähig. Mein Praktikum fing ich mit der Überzeugung an, dass ich mit den Kindern bestimmt viel Freude haben würde; dass ich sie ermutigen, fördern und trösten würde und dass sie mich bestimmt mögen würden und dass natürlich auch ich sie liebgewinnen würde. Doch was geschah? Im Umgang mit ihnen erfuhr ich schnell meine Grenzen. Ich ärgerte mich sehr oft über sie, war wütend und oft ungeduldig. In so mancher Situation war ich einfach nur hilflos. Für die Kinder war es nämlich keine Schwierigkeit, mich an meine Grenzen zu bringen und ans Licht, was ich bei mir liebend gern ausgeblendet hätte: meine negativen Gefühle und mein Unvermögen, souverän mit schwierigen Situationen umzugehen. Die Kinder zeigten mir, dass es mir trotz meiner guten Absicht, trotz meines theoretischen Wissens und trotz meines Wunsches, eine gute Beziehung zu ihnen aufzubauen, nicht möglich war, ihnen fortwährend wohlgesonnen zugewandt zu bleiben. Es war ein Prozess voller Enttäuschungen, durch den ich mir selbst jedoch viel näherkam als mit dem schönen Bild, das ich zu Beginn meines Praktikums von mir hatte. Die Kinder hatten Gott sei Dank erfolgreich daran gerüttelt sowie auch an dem schönen Bild, das ich von ihnen hatte. Die vielen Situationen, die mich mit der Realität konfrontierten, halfen mir dabei, meine Grenzen zu erkennen und sie mir einzugestehen. Gleichzeitig verhalf mir diese Realitätsbezogenheit dazu, auch die Grenzen der Kinder klarer wahrzunehmen. Es erwuchs daraus ein tieferes Verständnis für ihre inneren Nöte und befähigte mich mehr und mehr dazu, geduldiger, aber auch klarer auf ein problematisches Verhalten einzugehen.

Immer wenn wir in unseren Beziehungen zu mehr Verständnis und zu mehr Wohlwollen gefunden haben, wenn wir gelernt haben, uns selbst in unseren Schwächen etwas mehr anzunehmen und ebenso die anderen, können wir daran ablesen, dass wir im gleichen Maße auch Gott nähergekommen sind.

Wenn du nach geraumer Zeit kontemplativen Gebetes merkst, dass du, ohne dich zu bemühen, die Menschen ein bisschen mehr liebst, ihnen gegenüber mehr Geduld empfindest, wenn du merkst, dass dein Lebensgefühl ein bisschen positiver geworden ist, deine Toleranzgrenze in schwierigen Situationen sich geweitet hat, und wenn du merkst, dass du dich selbst mehr so nehmen kannst, wie du bist, ja, dann geht dein kontemplatives Gebet in die richtige Richtung.[127]

An diesen positiven Auswirkungen kann jeder ablesen, ob sein Gebet in die richtige Richtung geht, jedoch erst nach einer geraumen Zeit der Meditationspraxis. Meditations-Apps auf dem Smartphone versprechen mit angeleiteten Meditationen, die oft nur ein paar Minuten dauern, schnelle wohltuende Veränderungen. Man kann sich in der Tat innerhalb kürzester Zeit ruhiger und entspannter fühlen. Franz Jalics bezieht sich hier jedoch auf tiefgreifende Veränderungen, die sich in so sanfter Weise vollziehen können, dass man sie unmittelbar oftmals gar nicht bemerkt.

So erging es einem Mann, der bereits seit geraumer Zeit meditierte. Er erzählte, dass er sich noch immer über seinen Chef ärgerte, und erwähnte beiläufig, dass dies allerdings nicht mehr so oft passierte. Wenn er bemerkte, dass er wieder etwas vergessen hatte, ging er etwas gnädiger mit dieser Schwäche seines Chefs um. Er urteilte nicht mehr so hart über ihn und kreidete es auch sich selbst nicht mehr so stark an, wenn ihm ein Fehler passiert war. Er war nicht nur seinem Chef, sondern auch sich selbst gegenüber nachsichtiger und milder geworden. Er war in der Liebe gewachsen, ohne dies bemerkt zu haben.

Um diese Liebe, die im Alltag konkret zum Tragen kommt, geht es Etty Hillesum, wenn sie schreibt: „Der Zweck des Meditierens sollte sein: … dass auch eine Art ‚Liebe' entsteht, keine Luxus-Liebe von einer halben Stunde, in der es sich voller Stolz auf die eigenen erhabenen Gefühle herrlich schwelgen lässt, sondern eine Liebe, mit der man in der kleinen alltäglichen Praxis etwas anfangen kann."[128] Die Meditation ist also nur ein Teil des spirituellen Weges. Es reicht nicht aus, zu meditieren und die Meditation vom täglichen Leben abzutrennen und dann wieder zu meditieren. Teresa von Avila spricht hier eine deutliche Sprache: „Wenn ich Seelen erblicke, die sich emsig bemühen, das Gebet zu erfassen, und mit niedergeschlagenen Augen und fest verschlossenem Gesicht darin verharren, (…) so zeigt mir das, wie wenig sie von dem Weg wissen, auf dem man zur Vereinigung gelangt. Sie glauben, hierin bestehe die ganze Arbeit, die von ihnen erwartet wird. Nein, Schwestern, nein! Werke will der Herr! Und wenn du eine Kranke siehst, der du eine Linderung verschaffen kannst, sollst du dir nichts daraus machen, dass es dich deine Andacht kostet, sondern dich ihrer erbarmen."[129] Bei einer Mystik der geschlossenen Augen darf die „Mystik der offenen Augen" (Johann Baptist Metz) nicht fehlen. Denn „die via contemplativa ohne Handlung ist blind. Die via activa ohne Kontemplation ist leer."[130]

Die Mystik der geschlossenen Augen spiegelt sich heute in den unterschiedlichsten Meditationsangeboten wider, die man frei wählen und individuell gestalten kann. Darin liegt eine Freiheit, aber auch eine Gefahr der Beliebigkeit und Orientierungslosigkeit. Die Art und Weise, *wie* man meditiert, kann sowohl zu einem tieferen Mitgefühl und Einfühlungsvermögen für sich und andere führen als auch einen Egoismus nähren. Hier stünde dann zum Beispiel die Versenkung in das eigene Ich im Zentrum und die Verantwortung für die Mitmenschen spielte keine Rolle.

Die spirituelle Buntheit unserer Tage macht eine „Unterscheidung der Geister" (Ignatius von Loyola) notwendiger denn je. Franz Jalics gibt uns für diese Unterscheidung ein klares Kriterium: Die positiven Auswirkungen der Meditation dürfen sich nicht auf das eigene Wohlbefinden begrenzen, sondern müssen im konkreten Umgang mit den Menschen zum Ausdruck kommen. Dies setzt jedoch voraus, dass die Mystik der geschlossenen Augen nicht blind ist für das eigene Leid und sich berühren lässt vom eigenen Schmerz. Wenn eine Meditationsweise versucht, das eigene Leid und den Schmerz auszublenden, weil sie einen entspannten Zustand anstrebt, wird sie nicht zu einer „Mystik der offenen Augen" befähigen können. Die Fähigkeit, das Leid seiner Mitmenschen zu bemerken, es aufzunehmen und mitzutragen, ist nämlich eng verwoben mit der Bereitschaft, dem Schmerz und dem Leid im eigenen Leben im Namen Gottes zu begegnen. Diese Bereitschaft ist die Grundlage, auf der sich die Fähigkeit entwickeln kann, das Leid seiner Mitmenschen zu bemerken und es mitzutragen. Es geht also jeder *„diesen Weg nicht nur für sich, sondern auch für andere"*[131].

VIII. Die Beziehung zu Gott

Ich empfehle immer, dass am Anfang der Meditation die richtige Absicht erneuert wird.[132]

Für jede Wegstrecke mit einem Ziel braucht man eine Orientierung, um tatsächlich dort anzukommen, wo man auch ankommen will. Ohne Orientierung ist die Wahrscheinlichkeit sehr groß, sich zu verirren. Dies trifft auch auf den inneren Weg zu. Man kann, ohne es zu bemerken, in eine ichbezogene Haltung rutschen, in der man weder sich selbst noch Gott näherkommt, da man nur um sich selbst kreist. Mit der „richtigen" Absicht gibt man seiner Meditation von Anfang an eine klare Orientierung. Henri Caffarel (1903–1996), ein erfahrener Bergführer des Gebetes, vergleicht die Absicht, durch die wir zu Beginn des Gebets unsere Aufmerksamkeit auf Gott hin ausrichten, mit dem „Autopiloten" eines Flugzeugs. Er wird nach dem Start eingeschaltet, so dass das Flugzeug seine Route nicht verfehlt.[133]

Bis dieser Autopilot jedoch eingeschaltet wird, ist nicht nur vor einem Flug, sondern auch vor der Meditation eine Vorbereitungszeit vonnöten. In der Meditation ist es eine Zeit, die ich bewusst gestalte. Sie beginnt damit, dass ich eine gute Sitzposition wähle, die meiner körperlichen Konstitution entspricht. Ich nehme dann die einzelnen Teile meines Körpers wahr und durchwandere ihn von den Zehenspitzen bis zum Scheitel. Dann achte ich für einige Augenblicke auf mein Befinden. Wie fühle ich mich im Moment? Die Achtsamkeit für meinen Körper und für mein Befinden führt mich bereits ins Gegenwärtige und zu einer spürbaren Verbindung zu mir selbst. Eine Frau drückte es so aus, dass sich dieser Beginn der Meditation für sie immer wieder „frisch“ anfühlt. Da mein Befinden nicht statisch ist und ich mich immer wieder neu erlebe, entsteht keine Routine. Nachdem ich mich selbst bewusst wahrgenommen habe, öffne ich mich jetzt für die Beziehung zu Gott. Ich spreche Gott an, so wie es für mich stimmig ist, und bringe zum Ausdruck, wie es mir geht und was mich im Augenblick bewegt. Erst jetzt drücke ich meine Absicht aus, jetzt nicht mit mir selbst beschäftigt zu bleiben, sondern mich auf Gott hin auszurichten. Dies kann ich zum Beispiel mit folgenden Worten zum Ausdruck bringen: „Diese Zeit meines Lebens schenke ich dir! Du führe mich!“ „Jetzt will ich auf deinen Namen lauschen. Wirke du in mir!“ „Dein Wille geschehe und nicht der meine.“ „Du kannst meine Sehnsucht erfüllen zu deiner Zeit. Jetzt bin ich da für dich!“ Wem diese Absicht für das Gebet schwierig erscheint, dem empfiehlt Henri Caffarel Folgendes: „In diesem Fall verwenden Sie eine schlichtere, aber nicht weniger echte und entschiedene Formulierung: „Ich möchte gerne.“ „Ich möchte gerne dahin gelangen, das zu wollen, was du willst, Herr.“[134] Auch mit dieser Absicht lenke ich meine Aufmerksamkeit von Anfang an auf Gott. Ich bringe zum Ausdruck, dass ich von meiner Absicht her jetzt Gott den ersten Platz geben will.

Meine vor Gott ausgedrückte Absicht ist weder ein Gefühl noch ein schöner Gedanke. Sie ist eine Entscheidung für meine Beziehung zu Gott. Diese Entscheidung verleiht meiner Meditationszeit einen tiefen Sinn, der einen kostbaren und bedeutungsvollen Inhalt hat. Ich gebe Gott, was ich habe: meine Lebenszeit, meine Aufrichtigkeit, meine

Aufmerksamkeit und mich selbst. Durch meine Absicht, die ich vor jeder Meditation erneuere, bleibt mir bewusst, warum ich meditiere und warum ich in der Meditation dabeibleibe, auch wenn sich Schwierigkeiten zeigen sollten. Mit dieser Absicht lege ich meine Meditation bewusst in Gottes Hand und verzichte darauf, an meinen Wünschen festzuhalten. Ich stelle meine Meditation vielmehr unter das Vorzeichen, einverstanden zu sein, dass jetzt sein Wille geschehe und nicht der meine.

Den Anfang der Meditation von der Körperwahrnehmung bis hin zur ausgesprochenen Absicht gestalte ich bewusst. Während der Meditation öffne ich mich für eine Haltung des Geschehen-Lassens. Was in der Stille ins Bewusstsein tritt, lasse ich gewähren. Indem ich meine Aufmerksamkeit sanft und beständig zum Namen Jesu lenke, fülle ich meine anfänglich ausgesprochene Absicht mit meinem Sein. Was auch immer sich in der Stille zeigt, meine Meditation bleibt von meiner Absicht getragen, die ich zu Beginn ausgesprochen habe. Den Abschluss der Meditation gestalte ich wie den Beginn der Meditation wieder bewusst. Ich kann ein kurzes Gebet sprechen, diese Zeit nochmals bewusst Gott übergeben und meinen Körper durch eine religiöse Geste einbeziehen, indem ich mich verneige.

Wer Gott sucht, muss sich ganz nach innen wenden.[135]

Die Aufmerksamkeit ganz nach innen zu wenden ist seit jeher eine große Herausforderung. So schrieb Augustinus bereits im 4. Jahrhundert: „Du warst in meinem Innern und ich war draußen; und draußen suchte ich dich. ... Du warst bei mir, aber ich war nicht bei dir.“ Die Kräfte, die

die Aufmerksamkeit beständig nach außen ziehen, sind in unserer Zeit überaus mächtig geworden. Überall lauern Aufmerksamkeitsräuber, vor allem bei den digitalen Errungenschaften. Sie sind bewusst so entwickelt, dass der Nutzer möglichst viel Zeit damit verbringt. Die Aufmerksamkeitsindustrie zielt darauf ab, mit unterschiedlichen Methoden und Techniken die begrenzte Ressource der Aufmerksamkeit möglichst vieler Menschen zu erheischen. Wie man etwas erlebt und was man erlebt, wird dabei einer Außenwelt zugeschrieben. Es wird suggeriert, dass nur das äußerlich Wahrnehmbare einen Wirklichkeitswert hat, insbesondere das, was man kaufen und konsumieren kann. Durch die beständig nach außen gerichtete Aufmerksamkeit nimmt die Fähigkeit ab, nach innen zu spüren und eigene Gedanken und Ideen zu entwickeln. Die Veräußerlichung, Verflachung und Fremdbestimmtheit des Lebens nimmt hingegen zu.

Man kann sagen, dass es heute tatsächlich ein großer Schritt ist, sich von den unzählig vielen Möglichkeiten von Zerstreuungen zu lösen und seine Aufmerksamkeit nach innen zu lenken. Wer sich zu diesem Schritt entscheidet, ergreift die Chance, sich selbst und Gott näherzukommen. Edith Stein schildert ihrem Brieffreund die Erfahrung, die sie dabei macht: „Es ist eine unendliche Welt, die sich ganz neu auftut, wenn man einmal anfängt, statt nach außen nach innen zu leben. Alle Realitäten, mit denen man vorher zu tun hatte, werden transparent, und die eigentlich tragenden und bewegenden Kräfte werden spürbar."[136] Durch die nach innen gelenkte Aufmerksamkeit kommt man nicht nur in Fühlung mit seiner menschlichen Realität, sondern auch mit seinem göttlichen Wesenskern. Franz Jalics nennt ihn schlicht den guten Kern. *„Vom guten Kern kommt uns so viel Licht und Kraft entgegen, dass wir Mut bekommen, weiterzugehen.“*[137] Diesen Mut benötigen wir, um uns tatsächlich „ganz“ nach innen zu wenden und uns von auftauchenden Störungen und Schwierigkeiten nicht irritieren zu lassen. Wir bleiben mit einer nach innen gelenkten Aufmerksamkeit uns selbst auch dann zugewandt, wenn sich in uns etwas zeigt, was uns nicht gefällt und von dem wir wünschten, es wäre gar nicht da: Gedanken, unangenehme Empfindungen oder körperliche Schmerzen, die sich melden, weil wir zum Beispiel nicht gewohnt sind, längere Zeit ruhig zu sitzen, ohne uns zu bewegen. Sich ganz nach innen zu lenken bedeutet, den unruhigen Geist, der die Aufmerksamkeit nach allen Richtungen zerstreut, immer wieder zur schlichten Wahrnehmung unserer Hände und zum Namen Jesu zurückzuführen. In dieser beständigen Rückführung werden wir unmerklich von der Unruhe zur Ruhe geführt, von der Zerstreuung zur Sammlung und von der Oberfläche zur eigenen, lebendigen Tiefe, in der „die eigentlich tragenden und bewegenden Kräfte spürbar werden“.

Allein Gott zu suchen und darauf zu vertrauen, dass Er uns alles Nötige dazu schenkt (Mt 6,33), das ist Kontemplation.[138]

Dies ist uns zugesagt, wenn wir Gott suchen, lässt er sich von uns finden (Jer 29,13–14). Spuren seiner Gegenwart finden wir in der Heiligen Schrift, im Antlitz der Mitmenschen, in der Natur und im alltäglichen Leben. Darauf verweist das einfache Leben Jesu in Nazareth. Bereits durch seine Geburt im Stall wird deutlich, dass Gott nicht das Besondere, Aufsehenerregende und Außergewöhnliche wählt, um sich finden zu lassen, sondern das Stille, Einfache und Unspektakuläre. Das Reich Gottes ist auch in uns zu finden (Lk 17,21). Auf diese Verheißung vertrauen wir, wenn wir meditieren. Diese Suchbewegung ist von dem Vertrauen getragen, dass Gottes Gegenwart in uns erfahrbar ist und wir bei dieser Suche alles Nötige für unser Leben dazubekommen.

Doch was ist, wenn dieses Vertrauen nicht gegeben ist? Wenn man dieses Vertrauen nicht spürt? Annette Baier (1929–2012), eine neuseeländische Philosophin, sagt, dass Vertrauen so wie die Luft, die wir atmen, immer da ist. Beides ist unverzichtbar für das Leben. Ohne Luft, die wir ganz natürlich ein- und ausatmen, können wir ebenso wenig leben wie ohne Vertrauen. Niemand ist in der Lage, sein Leben nur aus sich selbst heraus zu leben. Das Vertrauen umhüllt uns so sanft wie die Luft, so dass wir beides nicht mehr bewusst wahrnehmen. Tritt jedoch ein Mangel auf, nehmen wir dies unmittelbar wahr. Wir ringen sofort nach Luft, wenn wir merken, dass sie uns fehlt. Ein Mangel an Vertrauen spüren wir als Misstrauen, Unruhe, Angst, Unsicherheit oder als Beklemmung. In der Corona-Krise ist an dem selbstverständlichen Vertrauen gerüttelt worden. Das Zusammensein mit anderen Menschen wurde plötzlich zur Gefahr und in einem noch nie da gewesenen Maße eingeschränkt. Wir haben erfahren, dass Vertrauen zurückzugewinnen etwas kostet, und zwar eine Entscheidung. Bleibe ich weiterhin isoliert, bis die Pandemie gebannt ist, oder gehe ich im Vertrauen ein gewisses Risiko ein und wage verantwortbare Schritte auf andere zu? Zu Vertrauen bedeutet nicht, sich in Sicherheit zu wiegen. Vertrauen gibt mir aber die Kraft, mich mit den Unsicherheiten dem Leben zu öffnen. Vertrauen bedeutet, zu diesem Leben ja zu sagen. Im Gegensatz zum blinden Vertrauen fordert uns das gesunde Vertrauen jedoch dazu heraus, wach und aufmerksam zu bleiben, um immer wieder neu zu entscheiden, was in der jeweiligen Situation jetzt dem Leben dient.

„Allein Gott zu suchen und zu vertrauen“ bedeutet für die Meditation, dass ich mich dafür entscheide, mich nicht mit meinen Unsicherheiten, Ängsten oder mit meiner Unruhe zu beschäftigen und auch nicht mit meinem Misstrauen, denn all das suche ich nicht. Ich bleibe auch nicht bei schönen Gefühlen, Vorstellungen oder Erinnerungen hängen, denn all das ist nicht Gott. Mit der Kraft und der Aufmerksamkeit, die Gott mir schenkt, wende ich mich mit all dem, was sich in mir zeigt, mittels der schlichten Wahrnehmung meiner Hände zur Gegenwart und zum Namen Jesu. Ich gebe Gott dabei einen gewissen Vertrauensvorschuss. Ich vertraue darauf, dass ich Gott näherkomme und sich meine Hinwendung zu ihm positiv auf mein Leben auswirken wird. Dieser Vertrauensvorschuss ist kein Gefühl, das ich erst in mir entwickeln muss, damit ich mich dann zu Gott wenden kann. Er vollzieht sich mit jeder Wende zur Gegenwart und zum Namen Jesu. Ich habe dabei keine absolute Gewissheit. Ich weiß nicht, ob Gott da ist und ob bzw. wann Gott sich finden lässt.

Dieses Nicht-Wissen teilt man mit Atheisten. Für Tomáš Halík ist der Hauptunterschied zwischen dem Glauben und dem Atheismus die Geduld. Der Atheist schließt aus seiner Wahrnehmung der Abwesenheit Gottes voreilig darauf, dass es Gott nicht gibt. Er beendet seine Suche und ist zu schnell fertig mit dem Geheimnis, das wir Gott nennen. „Mit einem Geheimnis darf man nie ‚fertig sein‘.

Ein Geheimnis lässt sich – im Gegensatz zu einem Problem – nicht fassen; man muss geduldig an der Schwelle zum Geheimnis ausharren und in ihm verweilen. Es innen, im Herzen, tragen, wie es im Evangelium von Jesu Mutter heißt, es dort reifen und dadurch sich selbst reifen lassen."[139] Der Gläubige harrt aus, auch wenn er Gottes Anwesenheit nicht spürt. Das Vertrauen, das er Gott dabei entgegenbringt, bewährt sich letztlich in der Geduld.

Jedes Mal, wenn wir uns erneut zur Meditation hinsetzen, üben wir uns in Geduld und setzen unser Vertrauen wieder neu auf Gott. Vielleicht üben wir uns unser ganzes Leben in Vertrauen und in der Geduld. Teresa von Avila ist davon überzeugt, dass es der Geduldige ist, der alles erreicht. Sie ermutigt dazu, unsere Suche nach Gott nicht vorschnell abzubrechen, da „Gott so groß ist, dass er es wohl wert ist, dass wir ihn ein Leben lang suchen".

Unterziehen Sie sich *am Ende* der Meditation einer Art Test, um zu prüfen, ob Sie wirklich für Gott da waren. Es ist ein einfacher Test. Wenn die Meditation nicht gut gegangen ist und sie völlig zufrieden aufstehen und sagen können: „Herr, das war eine sehr armselige Stunde, aber ich habe getan, was ich konnte, und deshalb bin ich ganz zufrieden", dann war Ihre Meditation eine Gott geschenkte Zeit. Empfinden Sie dagegen Unzufriedenheit und Frustration, dann haben Sie etwas für sich selbst gesucht, und weil Sie es nicht erreicht haben, empfinden Sie Ärger.[140]

Dies ist ein einfacher, unkomplizierter Test. Man achtet nach der Meditation auf sein Befinden. Jemand berichtet zum Beispiel, dass er in der Meditation viele Gedanken hatte, die er gar nicht haben wollte, Gefühle, die unangenehm waren, und vielleicht sogar noch Schmerzen an der einen oder anderen Körperstelle, dass er aber nach dieser Meditation zufrieden sei. Für Menschen, die keine Meditationserfahrung haben, wird diese Aussage verständnisloses Kopfschütteln auslösen, selbst wenn man versucht, dieses Erleben zu erklären. So wie jemand, der noch nie zuvor Jasmin gerochen hat, aufgrund von Erklärungen den Duft von Jasmin nicht riechen kann, so kann jemand, der keine Erfahrungen im kontemplativen Gebet hat, die Ruhe und Zufriedenheit nicht nachempfinden, die man erfährt, wenn die Meditation anders verlaufen ist, als man sich gewünscht hätte. Da bei dieser Erfahrung keine Logik erkennbar ist, stößt der Verstand hier an seine Grenzen. Gott, der eben nicht nach unseren menschlichen Maßstäben rechnet, belohnt die ihm geschenkte Zeit nicht erst im Paradies, sondern unmittelbar: Trotz erfahrener Schwierigkeiten ist der Mensch nach der Meditation im Frieden.

Wenn man aber nach der Meditation unzufrieden und enttäuscht ist, weil sie eben nicht so verlaufen ist, wie man es sich erhofft hat, kann der von Franz Jalics vorgeschlagene Test eine zusätzliche Enttäuschung bewirken. Man ist zum einen unzufrieden, weil zum Beispiel die erhoffte Ruhe ausgeblieben ist und sich die ersehnte Nähe zu Gott nicht eingestellt hat. Zum anderen muss man sich nach dem Test noch dazu eingestehen, dass man in der Meditation nicht für Gott da war, sondern etwas für sich selbst gesucht hat. Um sich diese zusätzliche Frustration zu ersparen, gibt es verschiedene Möglichkeiten: Man macht den Test einfach nicht mehr; man hört auf zu meditieren oder man beginnt, sich mit der unbefriedigenden Situation zu arrangieren. Man sagt sich zum Beispiel, dass die Meditation eigentlich schon so in Ordnung war. Dann hat man auch keinen Grund mehr zur Unzufriedenheit. Allerdings hat man dann auch keinen Grund mehr, sich nach einer Veränderung zu sehnen, da der Zustand ja passt, so wie er ist. Damit lässt man die wertvolle Chance ungenützt, die in einem sogenannten negativen „Testergebnis" liegt, nämlich die Chance, seine Verbundenheit zu Gott zu vertiefen und sich für sein Wirken zu öffnen.

Im Johannesevangelium spricht Jesus vom wahren Beter, der Gott im Geist und in der Wahrheit anbetet, und dass der Vater so angebetet werden will (Joh 4,23–24). Ein wahrer Beter ist bereit, in spürbaren Kontakt mit seiner inneren Wahrheit zu kommen und die Verbindung zu Gott zu wahren, auch wenn seine augenblickliche Wahrheit unangenehm und schmerzhaft ist. Er ist also bereit, sich selbst zu begegnen, so wie er ist, und bleibt Gott auch dann zugewandt, wenn die Wünsche und Erwartungen, die er an Gott hat, unerfüllt bleiben. Nach einer für ihn enttäuschenden Meditation würde der wahre Beter zum Beispiel mit folgenden Worten die Verbindung zu Gott wahren: „Ich bin unzufrieden und enttäuscht nach dieser Meditationszeit. Gerne hätte ich mehr Ruhe erfahren und deine Nähe. Nimm meine Meditation an. Du kannst bewirken, dass auch ich sie annehme. Du kannst meine Unzufriedenheit wandeln zu deiner Zeit. Bis dahin komme ich zu dir mit meiner Unzufriedenheit." Mit diesem aufrichtigen Gebet bleibt er auch am Ende des Gebets mit seiner inneren Wahrheit und mit Gott verbunden. Er bleibt offen für Gottes Wirken und setzt sein Vertrauen weiterhin auf ihn.

Ein wahrer Beter zeichnet sich also nicht durch schöne Gefühle, außerordentliche Erfahrungen oder eine uneingeschränkte Aufmerksamkeit aus, sondern durch eine schonungslose Aufrichtigkeit und eine beharrliche Hinwendung zu Gott. Ich denke an eine Frau, die bereits vor der Meditation aufrichtig zugab, dass sie nicht sagen könne, dass sie von ihrer Absicht her einfach nur für Gott da sein wolle. Sie wolle auch etwas für sich selbst haben. Es machte sie traurig, dies zu erkennen, doch entsprach dies ihrer augenblicklichen inneren Wahrheit. Sie spürte aber auch den Wunsch, sich ungeachtet dessen Gott zuzuwenden. In der Meditation verflüchtigte sich ihre Traurigkeit und sie nahm während der ganzen Meditation eine wohltuende Ruhe in sich wahr. Diese Ruhe freute sie sehr. Sie empfand sie als ein Geschenk und als eine Bestätigung, dass sie Gott alles offen anvertrauen darf. Wahrhaftigkeit auf unserem Weg zu Gott richtet uns auf, selbst wenn uns unsere augenblickliche Wahrheit deprimiert. Jesus ermutigt uns zu dieser Wahrheit, wenn er sagt, dass uns die Wahrheit befreien wird (Joh 8,32). „Wozu wird sie uns frei machen? (…) Sie wird uns dazu frei machen, dass wir ein wahrhaftiges Leben führen und so Zeugen für die Wahrheit werden, statt unsere eigenen ‚Wahrheiten' zu produzieren und sie den anderen aufzuzwingen" (Miroslav Volf).[141]

Der Test, den Franz Jalics nach der Meditation empfiehlt, ist nicht ein Mittel, an dem man ablesen soll, ob man seinen eigenen spirituellen Ansprüchen gerecht geworden ist. Er ist eine Einladung, immer wieder neu wahrhaftig zu sich selbst zu stehen und dabei die Verbindung zu Gott zu wahren. Wir werden dabei zu Zeugen seiner Wahrheit, die unsere augenblickliche Wahrheit mit großer Barmherzigkeit aufnimmt.

Versuche, die Zeit der Meditation auch nicht auf indirekte Weise zu verzwecken. Sie soll ganz unentgeltlich Gott gehören. Sie soll mit Änderungen in dieser Welt nichts zu tun haben. Sie soll in sich und für sich genügen. Gott allein genügt.[142]

Mit diesen Hinweisen erschließt Franz Jalics dem Meditierenden die Welt zur Zweckfreiheit. Johann Wolfgang Goethe beschreibt sie mit schlichten Worten in einem Gedicht:

„Ich ging im Walde
So für mich hin,
Und nichts zu suchen,
Das war mein Sinn."

„Einfach nur so" zu gehen oder „einfach nur so" etwas zu tun ist jedoch einem leistungsorientierten Zeitgeist fremd. Hier fragt man sogleich: „Was bringt mir das?" „Was habe ich davon?" „Warum sollte ich dies tun?" Diese Fragen nach dem Zweck und der Zweckmäßigkeit sind wichtig und berechtigt, denn mit Zweckfreiheit allein könnte man kein gelingendes, verantwortungsvolles Leben führen. Fatal ist jedoch, wenn alles mit einem Zweck etikettiert wird, sogar das Leben selbst. Dies verändert unseren Blick. Was keinem Zweck dient und keinen Nutzen hat, bekommt das Etikett „wertlos", „bedeutungslos", „sinnlos". „Einfach so“ etwas zu tun wird wenig oder gar nicht geschätzt oder erscheint sogar suspekt.

Mit einem zweckorientierten Blick muss konsequenterweise auch die Meditation einem Zweck dienen. Sie soll dazu dienen, Stress abzubauen, Ruhe zu finden, dem Alltag zu entfliehen, einen klaren Kopf zu bekommen, die Konzentrationsfähigkeit zu fördern, die Leistungsfähigkeit zu steigern oder zu erhalten. Man geht davon aus, dass man sich nur entsprechend anstrengen müsse, um dies zu erreichen. Dieser zweckorientierte Blick grenzt aber die Sicht ein und bewirkt subtil eine innere Anspannung, die unmittelbar unser Befinden beeinflusst. Ein Beispiel soll dies veranschaulichen. Eine Frau erzählte mir von ihrem Spaziergang, den sie im Winter an einem sonnigen Vormittag unternahm. Sie verfolgte keinen Zweck, das heißt, sie wollte keine bestimmte Wegstrecke schaffen oder bis zu einem bestimmten Punkt kommen. Sie wollte einfach nur die Natur wahrnehmen und „nichts zu suchen“, das war ihr Sinn. Nach dem Spaziergang fühlte sie sich von der schönen Natur sehr beschenkt und sie kam zufrieden, ausgeglichen und entspannt zurück. Da bemerkte sie jedoch, dass sie ihren Handschuh auf dem Spaziergang verloren hatte. Nachmittags machte sie sich nochmals auf den Weg, um ihn zu suchen. Obwohl auch am Nachmittag der Schnee noch immer wunderschön in der Sonne funkelte, beachtete sie nun kaum die Schönheit der Natur. Ihre Aufmerksamkeit galt dem verlorenen Handschuh, nach dem sie Ausschau hielt. Dieser Zweck ihres Spaziergangs bestimmte, worauf sie ihre Aufmerksamkeit lenkte. Anders als am Vormittag kam sie von diesem Spaziergang weder erfüllt noch entspannt zurück.

Wenn wir in der Meditation einen bestimmten Zweck verfolgen, und sei es nur auf indirekte Weise, wird unser innerer Blick auf subtile Weise ebenso entsprechend eingeengt. Unsere Aufmerksamkeit ist nicht mehr offen der Gegenwart und dem Namen Jesu zugewandt, da der Zweck mitbestimmt, worauf wir unsere Aufmerksamkeit lenken. Ich denke an eine Frau, die den Zweck verfolgte, nach der Meditation zu erkennen, was ihr diese stille Zeit gebracht hatte: einen guten Gedanken, eine Erkenntnis, irgendetwas zum Niederschreiben. Während der Meditation beobachtete sie bereits ihre Gedanken und hielt Ausschau nach einer Erkenntnis, einer Eingebung oder einer guten Idee. Die Meditation wurde für sie zu einer „angespannten Aktivität“[143]. Kontemplation bedeutet jedoch nicht „beobachten“. *„Kontemplation ist Schauen. Das lateinische Wort „contemplari“ bedeutet schauen.“*[144] „Schauen aber – das ist das Sich-Öffnen des Auges zum empfangenden Hinblicken ...“[145] Dieses empfangende Hinblicken kann in uns zur Entfaltung kommen, wenn wir in der Meditation keinen bestimmten Zweck verfolgen. Beim empfangenden Hinblicken beobachten wir das Wahrgenommene nicht, sondern wir lassen uns von dem, was wir wahrnehmen, berühren. Diese Berührung können wir weder festhalten noch in Besitz nehmen. Wir erleben diese Berührung wie ein Geschenk, das in manchen Augenblicken als stilles Glück, als eine lebendige Stille oder als ein ehrfürchtiges Staunen in uns aufblitzt. Diese Augenblicke können uns auch geschenkt werden, wenn wir Kindern beim Spiel zuschauen, die Schönheit einer Landschaft, eines Kunstwerks oder eines Musikstücks auf uns wirken lassen oder uns selbst vergessen im Dienst für andere. Wir können sie sogar in schweren Stunden erleben. In diesen

Augenblicken, die sich durch eine besondere Wachheit und Klarheit auszeichnen, erahnen wir, dass Schmerz und selbst der Tod nicht die letzte Antwort auf das Leben sind. Im „empfangenden Hinblicken" nehmen wir uns ganz natürlich zurück und sind offen für das, was jetzt ist. Diese Augenblicke sind ein Geschenk, über das wir nicht verfügen können. Wir können es uns nicht selbst geben. Wir können uns aber bewusst dafür entscheiden, eine zugewandte und zugleich zweckfreie Haltung einzuüben, in der wir für dieses Geschenk empfänglich werden.

Dies geschieht in der Meditation, indem wir unsere Absicht aussprechen, die uns von Anfang an klar auf Gott hin orientiert. Diese Absicht wird unsere Aufmerksamkeit lenken. Die Frau, die nach der Meditation nach einem fassbaren Resultat Ausschau gehalten hatte, sprach nun zu Beginn der nächsten Meditation ihre Absicht aus, jetzt Gott ins Zentrum ihrer Aufmerksamkeit stellen zu wollen und es ihm zu überlassen, ob und wann er ihr eine Erkenntnis oder einen guten Gedanken schenkte oder nicht. Durch diese klare Ausrichtung war ihr Wunsch nach einem fassbaren Resultat nicht einfach verschwunden. Sie blieb jetzt jedoch nicht mehr bei diesem Wunsch hängen. Im übertragenen Sinne trat sie dadurch innerlich einen Schritt zurück: Sie nahm ihren Wunsch wahr, lenkte dann jedoch ihre Aufmerksamkeit immer wieder neu zur Gegenwart und zum Namen Jesu. Keinen Zweck zu verfolgen bedeutet nämlich keineswegs, orientierungslos umherzutappen, sondern seine Aufmerksamkeit in einer empfangenden Haltung auf das Hier und Jetzt zu lenken. Dieser zweckbefreite Blick ließ sie schließlich erkennen, dass ihre Meditation einen Eigenwert hat und in sich wertvoll ist, mit oder ohne fassbares Resultat. Sie wurde beschenkt mit einer inneren Freiheit, die sie vorher noch nicht kannte.

Das Wesentliche im Gebet ist die Hingabe.[146]

Im 21. Jahrhundert erscheint Hingabe als ein altertümlicher Begriff, der nicht mehr so recht in diese Zeit zu passen scheint. Viele kehren nicht nur der Kirche den Rücken, sondern auch Gott. Man bezeichnet sich vielleicht als spirituell. Aber man glaubt nicht mehr an Gott bzw. nicht mehr an einen persönlichen Gott, sondern man glaubt an „etwas". Für Tomáš Halík ist dies heute die am weitesten verbreitete Religion in unserem Kulturraum. Er nennt sie „Etwasismus". „Das Credo dieser Religion (…) lautet: An Gott glaube ich nicht, in die Kirche gehe ich nicht, aber ‚es gibt Etwas über uns'."[147] Wo Gott irrelevant geworden ist und die Hingabe an ihn bedeutungslos, entsteht eine Lücke. Diese Lücke bleibt nicht einfach leer, sondern füllt sich mit einem Anspruch an sich selbst, sich aus eigener Kraft zu verwirklichen und seine eigene Persönlichkeit bestmöglich zur Entfaltung zu bringen. Die Meditation wird zu einem Mittel, um diesem Zweck zu dienen.

Die Aussage Jesu „Wer sein Leben zu bewahren sucht, wird es verlieren; wer es dagegen verliert, wird es gewinnen" (Lk 17,33), steht im Widerspruch zu diesem Zweck und zu dem Anspruch, sich aus eigener Kraft bestmöglich zu verwirklichen. Aus diesem Blickwinkel erscheint die Aussage Jesu geradezu absurd, sinnlos und paradox. Jesus gibt hier jedoch zu verstehen, dass man in dem Streben nach Selbstoptimierung in sich selbst gefangen bleibt. Das Leben gewinnen jene, die eben nicht auf sich selbst fixiert bleiben. Dieses Paradox spiegelt sich auch in der Hingabe an Gott wider. Indem man nicht an sich festhält, wird man sich selbst finden. Nicht an sich selbst festzuhalten bedeutet auf unserem Weg zu Gott, sich selbst loszulassen und sich zu geben. Von sich geben kann man aber nur, was man in sich zugelassen hat und tatsächlich sein Eigen nennt. Etty Hillesum schreibt in ihrem Tagebuch schonungslos über sich selbst. „Du genierst dich noch vor dir selbst. Du traust dich nicht, dich hinzugeben, du traust dich nicht, die Dinge aus dir herauszulassen, denn du bist noch schrecklich gehemmt, und zwar deswegen, weil du dich nicht akzeptierst, so wie du bist."[148] Die Hingabe an Gott beginnt mit der Bereitschaft und dem Mut, „die Dinge aus sich herauszulassen", auch wenn man diese Dinge bei sich ablehnt und sie am liebsten vor Gott verbergen würde. Was man nicht zulässt, weil es zum Beispiel nicht in das Bild passt, das man gerne von sich hätte, kann man Gott nicht hingeben. Es kann deshalb auch nicht gewandelt werden.

Bei einem der Hinführungsschritte zum kontemplativen Gebet werden die Teilnehmenden gebeten, das Wort „Ja" mit ihrem Atem zu verbinden und es innerlich leise und achtsam zu wiederholen. Ein Teilnehmer konnte mit dem Ja mit Freude und voller Hingabe meditieren, da er es mit einem Ja zum Leben verband. Als es jedoch nicht mehr um das Ja zum Leben im Allgemeinen ging, sondern um ein Ja zu seinem eigenen, ganz persönlichen Leben, zeigten sich unvermittelt statt der Freude Widerstände, Sorgen, Ängste und Verletzungen, also jene Aspekte, zu denen er in seinem Leben noch nicht Ja gesagt hatte und die er im tiefsten Inneren noch nicht akzeptiert hatte. Es fiel ihm leicht, sich Gott hinzugeben mit seinem Ja zum Leben, doch es fiel ihm schwer, sich Gott hinzugeben mit all den Neins und den damit verbundenen negativen Gefühlen. Die Hingabe an Gott schließt jedoch alle Aspekte des Menschen mit ein: was man bejaht und was man verneint, Freude und Schmerz, Sehnsucht und Widerstand; Glaube und Zweifel; den Mut, mit seiner Verwundbarkeit in Kontakt zu kommen, und die Angst davor.

Da man jedoch nicht alles auf einmal zulassen kann, vermag man auch nicht alles auf einmal Gott hinzugeben, sondern nur das, was sich von Augenblick zu Augenblick in einem zeigt. Dazu schreibt der französische Jesuit Jean-Pierre de Caussade (1675–1751) Folgendes: „Bei der Hingabe bildet der gegenwärtige Augenblick die einzige Richtschnur. Die Seele verhält sich dabei leicht wie eine Feder, flüssig wie Wasser, schlicht wie ein Kind. Sie bleibt beweglich wie ein Ball, um jeden Antrieb der Gnade zu empfangen und auszuführen. Flüssigem Metall gleich, weisen solche Seelen keinen Widerstand und keine Härten mehr auf. Wie dieses alle Formen des Models annimmt, in den man es gießt, so nehmen sie widerstandslos alle Formen an, die Gott ihnen geben will. Ihre Haltung gleicht der Luft, die jedem Windhauch offensteht; sie gleicht dem Wasser, das sich an jedes Gefäß anschmiegt.“ Diese Worte beschreiben bildhaft die Auswirkungen der Hingabe an Gott. Die Seele ist leicht wie eine Feder, weil sie nichts beurteilen muss. Da sie sich von allem, was sich in der Stille zeigt, berühren lässt, aber nicht dabei hängenbleibt, kann die Seele fließen wie Wasser und vertraut sich schlicht wie ein Kind Gott, seinem Vater, an.

Die Hingabe an Gott kann mit Worten und mit Taten zum Ausdruck kommen. In der Meditation lebt man sie mit seinem Sein, bei dem man sowohl hingebend als auch empfangend Gott zugewandt ist. Man gibt seine Zeit, seine Aufmerksamkeit, sein Interesse und sich selbst. In dieser Hingabe bejaht der Mensch seine Realität, so wie sie im Moment ist. Diese Selbstbejahung von Augenblick zu Augenblick ermöglicht die Selbsthingabe. Da man jedoch nicht mit sich selbst beschäftigt bleibt, sondern seine Aufmerksamkeit in einer offenen, hörenden Haltung auf den Namen Jesu lenkt, entsteht eine Empfänglichkeit für Gottes Gegenwart. Sie beschenkt den Menschen in je einzigartiger Weise: mit Zuversicht, mit Hoffnung, mit einem inneren Frieden, mit neuer Lebenskraft, mit der Erfahrung, dass man von Gott nicht nur gewollt, sondern zutiefst geliebt ist, wie man ist. Diese Erfahrungen nähren und beflügeln die Seele und bewirken still eine tiefgreifende Veränderung, die mehr und mehr auch auf andere hin zu strahlen beginnt.

Schlussgedanke

Wir leben in einer Zeit voller Krisenherde, die bedrohlich nahegekommen sind. Einer Krise will man manchmal nur entfliehen. Die große Frage lautet dann: aber wohin? Als Jesus in einer Krisenzeit seine Jünger fragt: „Wollt auch ihr weggehen?“, antwortet Petrus: „Herr, zu wem sollen wir gehen? Du hast Worte des ewigen Lebens“ (Joh 6,68). Bei diesen Fragen geht es um die Beziehung zu Jesus und um eine grundsätzliche Orientierung unseres Lebens. Beides scheint in unserer Zeit weitgehend verlorengegangen zu sein. Was jedoch nicht verlorengegangen ist, ist die Sehnsucht nach Frieden und Sicherheit. In einer immer ungewisseren Zukunft ist diese Sehnsucht sogar noch größer geworden. Viele Menschen suchen heute nach Wegen, wie sie den Frieden in sich finden können, den sie in der Welt nicht finden. In dieser Situation schenkt das Christentum Orientierung. Seine kontemplativen Überlieferungen weisen einen Weg, wie der Mensch in der Stille zu sich selbst und zu Gott finden kann. Dieser jahrhundertealte innere Weg entspricht den Bedürfnissen vieler Menschen von heute. Es ist ein Weg, der nicht nach dem gesellschaftlichen Status einer Person und nicht nach ihrer Konfession, sondern nach ihrer Sehnsucht fragt. Er ist offen, aber nicht beliebig. Er versöhnt, ohne zu moralisieren. Er führt in die unmittelbare Erfahrung und befreit gleichzeitig von innerem Leistungsdruck. Er ist einfach, aber nicht immer leicht. Er verbindet den Menschen neu mit sich selbst, mit seinen Mitmenschen und mit Gott.

Franz Jalics stellt die Frage, ob *„das Bedürfnis nach dem kontemplativen Weg nicht ein dringendes Zeichen der Zeit ist, mit dem Gott uns zu einem neuen Frühling der Kirche führen will“*[149].

Zurzeit erleben sich die Kirchen und ihre Gemeinden in einem kalten Winter. Damit der Frühling einziehen kann, braucht es den Mut, neue Wege zu wagen; Wege, die die Worte von Karl Rahner ernst nehmen, als er den Christen vorausgesagt hat: „Der Fromme von morgen wird ein Mystiker sein, einer, der etwas erfahren hat, oder er wird nicht mehr sein." Für Karl Rahner gründet Mystik nicht in außergewöhnlichen Erfahrungen weniger Heiliger, sondern in einer Religiosität, die auf Erfahrungen beruht, die jeder Mensch machen kann. Der Mensch von heute sehnt sich nicht nach Belehrungen und Vorschriften, sondern nach eigenen Erfahrungen, die ihn überzeugen.

Neu wäre es, der Stille und der kontemplativen Meditation, die diese Erfahrungen ermöglichen, im Leben der Gemeinden einen festen Platz einzuräumen. Neu wäre es, eine Kultur der Stille zu fördern und Wege des kontemplativen Gebetes in den Gemeinden zu zeigen und sie darin einzuführen und anzuleiten. Dazu würde gehören, Meditationsgruppen darin zu unterstützen, sich regelmäßig zum stillen Gebet und zur gemeinsamen Meditation zu treffen. Dies geschieht bereits ohne großes Aufsehen in so mancher Gemeinde. Für mich sind dies Frühlingsboten und manchmal ist's, als würden sie sagen: „Seht her, nun mache ich etwas Neues. Schon kommt es zum Vorschein, merkt ihr es nicht?" (Jes 43,19).

Anmerkungen

1 Franz Jalics, Kontemplative Exerzitien, S. 22
2 Ebd., S. 135
3 Andreas Ebert, Carol Lupu (Hg.), Hesychia, Das Geheimnis des Herzensgebets, S. 66
4 Franz Jalics, Kontemplative Exerzitien, S. 64–65
5 Ebd., S. 62–63
6 Ebd., S. 65
7 Emmanuel Jungclaussen (Hg.), Aufrichtige Erzählungen eines russischen Pilgers
8 Franz Jalics, Kontemplative Exerzitien, S. 175
9 Ebd., S. 177
10 Ebd., S. 15/16
11 Ebd., S. 38
12 Ebd., S. 43
13 Ebd., S. 35
14 www.youtube.com/watch?v=IGQmdok_ZfY
15 Ebd., S. 37
16 Ebd., S. 37
17 Martin Buber, Das dialogische Prinzip, S. 15/16
18 Franz Jalics, Der kontemplative Weg, S. 38
19 Franz Jalics, Kontemplative Exerzitien, S. 37
20 Ebd., S. 74
21 Karl Otto Conrady, Das große deutsche Gedichtbuch, S. 674
22 Martin Buber, Die Erzählungen der Chassidim, S. 830
23 Franz Jalics, Kontemplative Exerzitien, S. 171
24 Ebd., S. 156
25 Teresa von Avila, Weg der Vollkommenheit, S. 199 (CE 35,2)
26 Franz Jalics, Kontemplative Exerzitien, S. 86
27 Teresa von Avila, Weg der Vollkommenheit, S. 265 (CE 55,3)
28 Ebd., S. 125 (CE 12,1)
29 Franz Jalics, Kontemplative Exerzitien, S. 82
30 Ebd., S. 247
31 Ebd., S. 153
32 Ebd., S. 172
33 Byung-Chul Han, Duft der Zeit, S. 111
34 Franz Jalics, Die Geistliche Begleitung im Evangelium, S. 127
35 Romano Guardini, Besinnung vor der Feier der heiligen Messe, S. 39
36 Yuval Noah Harari, 21 Lektionen für das 21. Jahrhundert, S. 407–408

37 Franz Jalics, Kontemplative Exerzitien, S. 81
38 Franz Jalics, Die Geistliche Begleitung im Evangelium, S. 128
39 Franz Jalics, Kontemplative Exerzitien, S. 268–269
40 Ebd., S. 119
41 Edith Stein, Vom Endlichen zum Ewigen, S. 11
42 Franz Jalics, Kontemplative Exerzitien, S. 152
43 Ebd., S. 89
44 Ebd., S. 91
45 Ebd., S. 336
46 Karin Seethaler, Die Kraft der Kontemplation, S. 47
47 Andreas Knapp, Vom Segen der Zerbrechlichkeit, S. 117
48 Tomáš Halík, Berühre die Wunden, S. 74
49 Die Wolke des Nichtwissens, S. 45
50 Emmanuel Jungclaussen, Das Jesusgebet, S. 26
51 Karl Rahner, Worte gläubiger Erfahrung, S. 56/57
52 Franz Jalics, Kontemplative Exerzitien, S. 337
53 Ebd., S. 337
54 Franz Jalics, Die Geistliche Begleitung im Evangelium, S. 129
55 Aus: Joseph Ratzinger (u. a.): Der Rosenkranz. Gebete und Meditationen, S. 5
56 Franz Jalics, Kontemplative Exerzitien, S. 240
57 Teresa von Avila, Das Buch meines Lebens, S. 156–157
58 Franz Jalics, Kontemplative Exerzitien, S. 46
59 Ebd., S. 114
60 Ebd., S. 39
61 Ebd., S. 236
62 Ebd., S. 241
63 Ebd., S. 342
64 Ebd., S. 111
65 Ebd., S. 317
66 Ebd., S. 166
67 Franz Jalics, Die geistliche Begleitung im Evangelium, S. 131
68 Franz Jalics, Kontemplative Exerzitien, S. 241
69 Ebd., S. 39
70 Ebd., S. 241
71 Ebd., S. 241
72 Ebd., S. 255
73 Ebd., S. 179
74 Ebd., S. 83
75 Ebd., S. 168
76 Ebd., S. 239
77 Ebd., S. 222
78 Ebd., S. 90/91
79 Marie Luise Kaschnitz, Ein Wort weiter. Gedichte, S. 45

80 Franz Jalics, Kontemplative Exerzitien, S. 220
81 Ebd., S. 200
82 Ebd., S. 217
83 Ebd., S. 183/184
84 Magda Hollader-Lafon, Vier Stückchen Brot, S. 87
85 Franz Jalics, Kontemplative Exerzitien, S. 266
86 Ebd., S. 266
87 Ebd., S. 366
88 Byung-Chul Han, Duft der Zeit, S. 11
89 Ebd., S. 11–23
90 Franz Jalics, Die Geistliche Begleitung im Evangelium, S. 133
91 Die Wolke des Nichtwissens, S. 40
92 Karl Rahner, Worte gläubiger Erfahrung, S. 84
93 Dorothy Day, Meditations, selectet & arranged by Stanley Vishnewski, S. 90
94 Franz Jalics, Kontemplative Exerzitien, S. 290
95 Loccumer Brevier, Verstehen durch Stille, S. 51
96 Pierre Teilhard de Chardin, Entwurf und Entfaltung, S. 66
97 Franz Jalics, Kontemplative Exerzitien, S. 252
98 Ebd., S. 69
99 Ebd., S. 399
100 Ebd., S. 207–208
101 Ebd., S. 253
102 Simone Weil, Schwerkraft und Gnade, S. 251
103 Franz Jalics, Kontemplative Exerzitien, S. 209
104 Ebd., S. 258
105 Christian Morgenstern, Stufen, S. 17
106 Teresa von Avila, Die innere Burg, S. 68
107 Franz Jalics, Kontemplative Exerzitien, S. 293/294
108 Franz Jalics, Der kontemplative Weg, S. 48
109 Franz Jalics, Die Geistliche Begleitung im Evangelium, S. 159
110 Franz Jalics, Der kontemplative Weg, S. 49
111 Ebd., S. 71
112 Franz Jalics, Kontemplative Exerzitien, S. 81
113 Ebd., S. 67
114 Romano Guardini, Besinnung vor der Feier der heiligen Messe, S. 27
115 Franz Jalics, Kontemplative Exerzitien, S. 164
116 Ebd., S. 145/146
117 Ebd., S. 169/170
118 Ebd., S. 87
119 Ebd., S. 65
120 Byung-Chul Han, Duft der Zeit, S. 111
121 Karl Rahner, Worte gläubiger Erfahrung, S. 43

122 Franz Jalics, Kontemplative Exerzitien, S. 262
123 Ebd., S. 296
124 Karin Seethaler, Die Kraft der Kontemplation, S. 116–136, und Karin Seethaler, Zum Einklang finden mit sich und den anderen, S. 178–190
125 Franz Jalics, Kontemplative Exerzitien, S. 62
126 Ebd.
127 Ebd., S. 128
128 Etty Hillesum, Das denkende Herz, S. 35/36
129 Teresa von Avila, Die innere Burg, S. 101
130 Byung-Chul Han, Duft der Zeit, S. 109
131 Franz Jalics, Kontemplative Exerzitien, S. 185
132 Franz Jalics, Die geistliche Begleitung im Evangelium, S. 130
133 Henri Caffarel, Weil Du Gott bist, S. 34
134 Ebd., S. 39
135 Franz Jalics, Die Geistliche Begleitung im Evangelium, S. 159
136 Christian Feldmann, Edith Stein, S. 56
137 Franz Jalics, Kontemplative Exerzitien, S. 184
138 Ebd., S. 104/105
139 Tomáš Halík, Geduld mit Gott, S. 10
140 Franz Jalics, Kontemplative Exerzitien, S. 105/106
141 Tomáš Halík, Berühre die Wunden, S. 188
142 Franz Jalics, Kontemplative Exerzitien, S. 388
143 Josef Pieper, Muße und Kult, S. 57
144 Franz Jalics, Kontemplative Exerzitien, S. 36
145 Josef Pieper, Muße und Kult, S. 57
146 Franz Jalics, Kontemplative Exerzitien, S. 102
147 Anselm Grün, Tomáš Halík, Gott los werden, S. 65
148 Etty Hillesum, Das denkende Herz, S. 42
149 Franz Jalics, Der kontemplative Weg, S. 69

Literaturverzeichnis

Martin Buber: Das Dialogische Prinzip, Gerlingen: bei Lambert Schneider im Bleicher Verlag 1997 (8. Auflage)

Martin Buber: Die Erzählungen der Chassidim, Zürich: Manesse Verlag 1996 (12. Auflage)

Henri Caffarel: Weil Du Gott bist. Hinführung zum inneren Gebet. Gekürzte Übertragung aus dem französischen Original Cinq Soirées Sur La Prière Intérieure, Freiburg: Johannes Verlag Einsiedeln 2000

Karl Otto Conrady (Hg.): Das große deutsche Gedichtbuch, Königstein/Ts.: Athenäum Verlag 1978 (2. Aufl.)

Dorothy Day: Meditations, selected & arranged by Stanley Vishnewski, New York: Paulist Press 1970 (Library of Congress Catalog Card Number: 73-133570)

Andreas Ebert, Carol Lupu (Hg.): Hesychia – Das Geheimnis des Herzensgebets, München: Claudius Verlag 2016 (3. Auflage)

Christian Feldmann: Edith Stein, Reinbek bei Hamburg: Rowohlt Taschenbuch Verlag 2004

Anselm Grün, Tomáš Halík, Winfried Nonhoff (Hg.): Gott Los Werden, Freiburg im Breisgau: Herder Verlag 2019

Romano Guardini: Besinnung vor der Feier der heiligen Messe, Mainz: Matthias-Grünewald-Verlag

Tomáš Halík: Berühre die Wunden, Freiburg im Breisgau: Herder Verlag 2013

Tomáš Halík: Geduld mit Gott, Freiburg im Breisgau: Herder Verlag 2010 (4. durchgesehene und verbesserte Auflage 2011)

Byung-Chul Han: Duft der Zeit. Bielefeld: transcript Verlag 2009 (12. unveränderte Auflage 2015)

Yuval Noah Harari: 21 Lektionen für das 21. Jahrhundert, München: Verlag C. H.Beck 2018

Etty Hillesum: Das denkende Herz, Reinbek bei Hamburg: Rowohlt Taschenbuch Verlag 1985 (17. Auflage)

Magda Hollander-Lafon: Vier Stückchen Brot. Eine Hymne an das Leben, Asslar: adeo Verlag 2013

Franz Jalics: Kontemplative Exerzitien, Würzburg: Echter Verlag 1994

Franz Jalics: Der kontemplative Weg, Würzburg: Echter Verlag 2006

Franz Jalics: Die Geistliche Begleitung im Evangelium, Würzburg: Echter Verlag 2012

Johannes vom Kreuz: Die Dunkle Nacht. Vollständige Neuübertragung. Sämtliche Werke Band 1, Freiburg im Breisgau: Herder Verlag 2003

Carl Gustav Jung: Gesammelte Werke, Elfter Band, Zur Psychologie westlicher und östlicher Religionen, Olten und Freiburg im Breisgau 1971

Emmanuel Jungclaussen (Hg.): Aufrichtige Erzählungen eines russischen Pilgers, Freiburg im Breisgau 1974 (19. Auflage 2014)

Emmanuel Jungclaussen (Hg.): Das Jesusgebet, Regensburg: Verlag Friedrich Pustet 2014 (9. Auflage)

Marie Luise Kaschnitz: Ein Wort weiter. Gedichte, Hamburg: Claassen Verlag 1965

Andreas Knapp: Vom Segen der Zerbrechlichkeit, Würzburg: Echter Verlag 2018 (3. Auflage)

Loccumer Brevier. Verstehen durch Stille, Hannover: Lutherisches Verlagshaus 2001 (5. Auflage)

Sara Maitland: Das Buch der Stille. Über die Freuden und die Macht von Stille, Berlin: edition steinrich 2017

Christian Morgenstern: Stufen. Eine Entwicklung in Aphorismen und Tagebuch-Notizen, München: R. Piper Verlag

Henri Nouwen: Du bist der geliebte Mensch, Neuausgabe 2006, Freiburg im Breisgau: Herder Verlag 1993 (2. Auflage 2007)

Josef Pieper: Muße und Kult, München: Kösel Verlag, Neuausgabe 2007

Karl Rahner: Worte gläubiger Erfahrung, Freiburg im Breisgau: Herder Verlag 2009

Joseph Ratzinger (u.a.): Der Rosenkranz. Gebete und Meditationen, Leipzig: St. Benno Verlag 2003

Karin Seethaler: Die Kraft der Kontemplation, Würzburg: Echter Verlag 2013

Karin Seethaler: Zum Einklang finden mit sich und den anderen, Würzburg: Echter Verlag 2017

Der große Sonntagsschott. Für die Lesejahre A-B-C, Herder Verlag 1975

Edith Stein: Vom Endlichen zum Ewigen, Kevelaer: Verlag Butzon & Bercker 1973

Teresa von Avila: Das Buch meines Lebens. Orginalausgabe, Freiburg im Breisgau: Verlag Herder 2001

Teresa von Avila: Die innere Burg. Herausgegeben und übersetzt von Fritz Vogelsang, Zürich: Diogenes Verlag 1979

Pierre Teilhard de Chardin: Entwurf und Entfaltung. Briefe aus den Jahren 1914–1919, Freiburg/München: Verlag Karl Alber 1963

Simone Weil: Schwerkraft und Gnade, München: Kösel-Verlag 1952 (2. Auflage 1954)

Die Wolke des Nichtwissens, Übertragen und eingeleitet von Wolfgang Riehle, Einsiedeln: Johannes Verlag 1980